国家出版基金项目
NATIONAL PUBLICATION FOUNDATION

U0892166

新时代，生活是这样的

A BETTER LIFE IN THE NEW ERA

谢志强 陈 云——主编

CNS PUBLISHING & MEDIA
湖南电子音像出版社
Hunan Electronic And Audio-visual Publishing House

前言

你好：新时代的美好生活

“人民对美好生活的向往，就是我们的奋斗目标。”

2012 年 11 月 15 日，一个深情而庄严的声音，从人民大会堂金色大厅传遍神州大地，响彻五湖四海。

5 年后，在同一个地方，传出了同样的声音：“这个新时代，……是全国各族人民团结奋斗、不断创造美好生活、逐步实现全体人民共同富裕的时代……”，“中国特色社会主义进入新时代，我国社会主要矛盾已经转化为人民日益增长的美好生活需要和不平衡不充分的发展之间的矛盾”。

中国已经进入一个新时代。“美好生活”成为解锁新时代的核心密码。马克思和恩格斯曾对共产主义社会的美好生活状态既有充满诗意的畅想，又有对生活于其中的人的真实状态的描述，那就是每个人都能够获得自由、全面的发展。中国特色社会主义新时代的美好生活与共产主义社会的美好生活具有一致的价值诉求。在新的美好时代里，“美好生活”的内容更加丰富，内涵不断提升。每个人的才能尽可能得到充分发挥，每个人的需求尽可能得到充分满足，每个人的尊严尽可能受到充分尊重。从油盐酱醋茶，到诗书棋琴画；从金山银山的富裕，到绿水青山的环境；从自由便捷地迁徙，到宜人诗意的栖居，“美好生活”的内涵延展到经济、政治、社会、文化生活等方方面面。

美好生活人人向往。自古以来，人们对美好生活的期望质朴且热切。从 2000 多年前，屈原高吟“长太息以掩涕兮，哀民生之多艰”，到 100 多年前，高举三民主义大旗的孙中山先生遗嘱“革命尚未成功，同志仍需努力”，千百年来，为了实现美好生活，中国的先贤们孜孜以求、前赴后继。然而，只有中国共产党，才带领中国人民筚路蓝缕、浴血奋斗、改革创新，最终找到了中国特色社会主义的康庄大道，实现了从站起来到富起来，并走向强起来的新时代。创造美好生活是中国共产党的初心和使命。党的领导是美好生活能够实现的关键，中国共产党是人民谋求并实现美好生活的主心骨。以毛泽东为主要代表的中国共产党人，将“全心全意为人民服务”确立为党的宗旨；邓小平将是否有利于提高人民的生活水平作为判断我们工作成败的重要标准；习近平总书记指出中国共产党人的初心和使命，就是为中国人民谋幸福，为中华民族谋复兴。他多次要求“全党同志一定要永远与人民同呼吸、共命运、心连心，永远把人民对美好生活的向往作为奋斗目标”。

“这个时候，快递小哥、环卫工人、出租车司机以及千千万万的劳动者，还在辛勤工作，我们要感谢这些美好生活的创造者、守护者。”在 2019 年新年贺词中，习近平总书记再次通过电视向所有追求美好生活的人们发出了慰问和致敬。美好生活的实现，离不开中国共产党的领导，也离不开每一个人的辛勤劳动和创造。中华民族伟大复兴，绝不是轻轻松松、敲锣打鼓就能实现的。美好生活等不来、要不来，只能捋起袖子干出来。全面建成富强、民主、文明、和谐、美丽的社会主义现代化强国，根本上还是靠劳动、靠劳动者创造。没有辛勤劳动，就不会有幸福生活，“美好生活”的追求就只能成为乌托邦。因此，美好生活的实现，不能仅仅止于畅想，也不要奢望一蹴而就，需要我们付出巨大的努力，需要全国人民勠力同心、砥砺前行。

新中国成立以来，尤其是改革开放以来，我国经济社会发展取得举世瞩目的成就，经济基础更加雄厚，科学技术更加发达，基础设施更加完善，社会体制更加和谐，国际环境更加开放。实现美好生活有了可靠的基础条件。同时，未来发展的蓝图也已绘就，2020 年全面建成小康社会，2035 年基本实现社会主义现代化，2050 年全面建成社会主义现代化强国，实现全体人民的共同富裕，中国人民将享有更加幸福安康的生活。人民对美好生活的无限憧憬正在变成实实在在的生活。生活在这个新的美好时代，是我们的幸运，创造一个更加美好的新时代，是我们的责任。“美好”将成为我们人生的底色，也是我们这个时代的主调。

现在已在，未来以来。在新时代，让我们激情呼唤、尽情拥抱：你好，美好生活。

目录

五、健康撑起美好生活

六、绿色点靓美好生活

七、百姓呼唤美好生活

八、创新引领美好生活

一、教育托起美好生活

1. 扣好人生第一粒扣子

2018 年 12 月 20 日，“新时代湖南好少年”发布会在长沙举行，57 名“湖南好少年”得到表彰。他们都是天性至真至纯的优秀少年，用最朴实的爱浇灌青春年华。“爱心大使”刘雅哲乐于助人，常年坚持将爱心献给福利院老人和儿童；“环保小卫士”肖锦承热心公益，坚持清理浏阳河垃圾已有 6 年；烈士遗孤张佳敏自强不息，理想是做一名光荣的解放军战士；清贫少年杨慎英孝老爱亲，每逢放假回家，都要帮爷爷奶奶准备好柴火才返校……湖南省举行“新时代湖南好少年”评选活动，旨在发挥同龄人的榜样示范作用，形成“人人践行核心价值观、争当时代新人”的生动局面，激励引导广大未成年人见贤思齐、向上向善，“扣好人生第一粒扣子”，只有扣好第一粒扣子，剩余的扣子才不会扣错。

湖南省 57 名中小学生获评“新时代湖南好少年”

党的十八大以来，习近平总书记从确保党和国家的事业薪火相传、后继有人的战略高度出发，高度重视、关怀青少年一代成长成才，并多次借用“扣扣子”来比喻青少年时期良好价值观养成的重要性。2018 年 8 月 21 日至 22 日，习近平总书记在全国宣传思想工作会议上强调：“要抓住青少年价值观形成和确定的关键时期，引导青少年扣好人生第一粒扣子。”可见，引导青少年树立正确价值观尤为重要，人生的扣子从一开始就要扣好。

杨雨盟是岳阳市的一名中学生，她患有先天性耳聋，从出生起，她就身处无声的世界，听不见清晨的鸟鸣、潺潺的水声，也听不到妈妈为她低声吟唱的童谣、小朋友嬉戏时的欢声笑语。2008 年 3 月，在社会各界好心人士的关爱和帮助下，她成功植入人工耳蜗，重构听力系统，这个无声的世界在她耳中终于鲜活了起来。

为筹集术后语言康复训练费用，家里卖掉了唯一的房子。杨雨盟的康复训练之路异常艰辛与煎熬，她每天早上坚持 6 点起床，穿行于大街小巷，倾听鸟鸣、流水、乐器、叫卖等各种各样的声音，并艰难地尝试口语表达。经历了上万次发音练习，她终于学会了正确地发音，学会了汉语拼音，认识了 2000 多个常用字。她用坚强的意志与毅力，使自己的康复时间比一般聋儿缩减了一大半。

杨雨盟终于回归有声世界，她一头扎进知识的海洋。为了弥补自己的不足，她比别人更加认真刻苦学习，成绩一直名列全年级前茅。她不但学习成绩好，而且还积极参加校内外举行的讲故事比赛、书写比赛、读书比赛、绘画比赛并取得好成绩，成了学校品学兼优的学生。

滴水之恩当涌泉相报。爸爸妈妈和社会各界给予她这么多关爱和帮助，让她立下了努力学好文化、热心回报父母和社会的志愿。为了回馈社会爱心人士资助她植入人工耳蜗，她就在上学路上捡塑料瓶子，把卖瓶子的钱积攒起来，捐给慈善组织。2008 年 5 月 20 日，她把自己花了很长时间才积攒的 100 多元钱，主动捐献给了四川灾区准备做人工耳蜗的小朋友。她常常带领好伙伴们上街卖报纸、卖花，把积攒的钱也都捐给了和她一样不幸的残疾小朋友。一有时间，她就和妈妈一起去康复中心教聋哑小朋友说话、跳舞、画画，参加各种公益活动；助残日，她把在学校获得的阳光少年奖金全部捐给残疾小朋友，并组织学校同学一起参与爱心活动。她是一名在册的中国助残志愿者，并开通了微信公众号，招募志愿者帮助残障儿童，使那些“折翼天使”沐浴在爱的阳光中。她用自己稚嫩的肩膀扛起了回报社会的责任。

杨雨盟不仅仅爱好学习，还将志愿落实为行动，一点一滴地实干。她的美丽和光芒慢慢积聚，终于成为无声世界里一面闪耀的旗帜！

杨成仕是湖南省城步苗族自治县的一名中学生。这个顽强的少年历经磨难，始终和命运抗争，刻苦学习、孝亲敬老，用自己的孝亲善举谱写了一曲爱的赞歌，赢得人们的一致好评。

杨成仕 2004 年 5 月出生于一个普通的农民家庭，父亲被病魔无情地夺走了年轻的生命，母亲离家出走，他和弟弟跟着奶奶艰难度日。

杨成仕很珍惜学习的时间，小小年纪的他深信知识可以改变命运。老师也非常爱护和支持他，将他作为重点培养对象。为了有充足的时间学习，祖孙三人租住在学校旁简陋的民房中，周五放学后再一同回自己家。为了省钱，祖孙三人的下饭菜通常就是几块土豆、几片萝卜干，日子过得紧巴巴的。

兄弟俩早、晚和奶奶同吃，中午吃学校提供的免费午餐，奶奶的午餐就是喝点油茶而已。懂事的杨成仕看在眼里，痛在心里，他自觉把中餐的米饭攒下来，放学后带回租住房给奶奶炒着吃。每次周末放学回家，小成仕总是帮着奶奶干力所能及的事，背柴火、挖土、播种、施肥。尽管力气小，但他从来不喊累，稚嫩的小手起了血泡也不叫苦。

杨成仕从不和同学们比吃穿，他说衣服再华美，不如心灵美；食物再奇珍，不如五谷杂粮养身体。穿着朴素、饮食粗淡，他从不自卑，不和他人比家境，只比学习和孝顺，多学文化知识，长大后做个顶天立地的男子汉，回报社会和国家。

杨成仕的孝亲善举感动了身边的许多人。他深信“小孝感动人、大孝感动天”，用自己的双手和智慧去迎接美好的明天，努力践行自己的诺言。

无论是杨雨盟、杨成仕，还是其他湖南好少年，他们都在人生的初始阶段扣好了第一粒扣子，成为品行好、学习好、有爱心、有孝心的新时代好少年，他们以最质朴的行动诠释中华孝道、践行中华美德。

“风物长宜放眼量”，扣好人生第一粒扣子，青少年需要树立“梦想从学习开始、事业靠本领成就”的观念，努力锻造足以支撑自己梦想的本领。唯有如此，方能厚积薄发，方能承担大任，顺利完成党和人民交给的任务。

“功崇惟志，业广惟勤。”扣好人生第一粒扣子，青少年要在艰苦奋斗中实现人生的美好理想。无数成功的事例表明，青少年时代，选择吃苦也就选择了收获，选择奉献也就选择了高尚。要有勤劳的双手方能成就属于自己的人生精彩。

“国无德不兴，人无德不立。”扣好人生第一粒扣子，青少年需要锤炼高尚品格，做“一个高尚的人，一个纯粹的人，一个有道德的人，一个脱离了低级趣味的人，一个有益于人民的人”。

“士不可不弘毅，任重而道远。”扣好人生第一粒扣子，青少年要有使命担当。青少年是祖国的未来、国家的后备军、未来建设的中流砥柱。国家的前途、民族的命运、人民的幸福，是新时代中国青少年必须和必将承担的重任。

扣扣子，很平常，只要认真，就不会错。在新时代全面建设社会主义现代化强国的征程中，每个青少年都扣好人生的扣子，树立正确的价值观，中华民族伟大复兴的中国梦必定能实现！

2. 十二年义务教育不是梦

十二年义务教育，是指将三年高中教育纳入义务教育范围之内，包括小学、初中、高中三个阶段共十二年的义务教育。目前我国浙江、山东、广东、陕西、江西、内蒙古自治区等多地多座城市开展了十二年义务教育，新疆部分农村地区已经试行十五年义务教育。

从 2018 年春季学期起，贵州省仁怀市免除高中阶段学生的全部学费和书费，是贵州省首个实施高中教育全免费的县市区。在仁怀，约 15800 名高中学生获利于这项福利政策。实行高中阶段免费教育，是仁怀市为减轻学生家庭经济负担、增强学生学习动力的又一重要举措。仁怀市相关负责人表示：“教育是民生大事，解决好教育问题，才能让老百姓安居乐业。”

2017 年 11 月 20 日，新疆实现从幼儿园到高中共 15 年免费教育

百年大计教育为本。党的十九大报告提出要“普及高中阶段教育，努

力让每个孩子都能享有公平而有质量的教育”，这对我国基础教育的发展提出了新要求。高中阶段教育包括普通高中教育和中等职业教育，因此，普及高中阶段教育不仅是普及普通高中教育，而且应该注重普通高中和中等职业教育的协调发展。

2017 年 2 月 23 日,《人民日报》刊登《助梦大国“小工匠”——国家中等职业教育资助育人百名成才典型》。

全国中职优秀毕业生校园巡回分享团成员之一的裴娜毕业于天津市中华职业中等专业学校，在学校的最后一个学期，她由升学班调整到就业班，学习饭店服务管理知识。

一开始她知识储备不够，技术生疏，但是她拼命努力，终于用三个月的时间就学完了一年半的课程，顺利毕业并进入天津津利华酒店工作。为了完善专业技能，她经常加班加点练习铺床单、套被罩，用来练习的床单和被罩都被她捋出了毛边，手也磨出了茧。

2012 年，她代表酒店参加达沃斯论坛技能大赛，获得第三名。2013 年，她考取了客房高级技师证书，并且勤练开床单、甩床单等专业技能，集中学习酒店服务英语口语，终于在天津市旅游饭店服务技能大赛中荣获冠军。为了给客人营造家的氛围，她还自学用毛巾折叠各种小动物放在房间，受到客人的喜爱和好评。

在经年累月的严格自我要求和不懈努力下，2013 年裴娜荣获天津市新长征突击手和技术能手称号，接受了中央电视台的采访，其优秀事迹在央视新闻频道国庆特别节目“岗位真功夫”专题中播出。

“我们太激动了，要感谢的人太多太多，但是最想感谢的是大赛给我们创造了这样一个展示自我的机会！”站在 2018 年全国职业院校技能大赛领奖台上，昆山花桥国际商务城中等专业学校的选手杨洋满脸笑容地说。杨洋和另三位队友在比赛中不畏艰险，奋勇拼搏，以强大的实力从众多选手中脱颖而出，斩获现代物流综合作业项团体一等奖第一名。

全国职业院校技能大赛是教育部发起并牵头，联合国务院有关部门以及有关行业、人民团体、学术团体和地方共同举办的一项公益性、全国性职业院校学生综合技能竞赛活动。可以充分展示职业教育改革发展的丰硕成果，集中展现职业院校师生的风采。

教育部 2018 年数据统计显示，中职毕业生就业率连续 11 年保持在 95% 以上。

自 2012 年开始，国务院逐步实施农村免费中等职业教育，将中等职业教育免学费政策范围扩大到所有农村学生、城市涉农专业学生和家庭经济困难学生。这是我国政府继城乡免费九年义务教育全面实现之后的又一重大举措。借助国家的资助制度，越来越多的学生接受职业教育，开拓自己的人生道路，改变自己的命运。

中国社会科学院人口与劳动经济研究所的研究表明，在制造业，职工受教育年限每提高 1 年，劳动生产率就会上升 17%。如果企业职工全部由初中及以下学历提升为高中学历，企业劳动生产率可以提高 24%。由此可见，加大对教育的投资，逐步实行十二年制义务教育，有利于提高劳动力素质，让我国从人力资源大国转变为人力资源强国。

今天，我国义务教育经过 30 多年的建设和发展，取得了举世瞩目的辉煌成绩。“人人有学上，人人上好学”这句话不再只是一句口号。2017 年，我国九年义务教育巩固率为 93.8%，小学学龄儿童净入学率达到 99.91%，初中阶段毛入学率为 103.5%。这些数据清晰地表明，孩子“有学上”的问题已经基本解决。不断增加的义务教育投入，不断推进的基础教育和素质教育，正在结出丰硕的成果。

虽然“普及高中阶段教育”不等于“实行十二年义务教育”，但从提高全民族特别是青少年平均文化程度的角度来看，实行十二年义务教育将成为我国新的教育发展目标，在未来肯定能实现。

近些年来，我国已经在多地进行了十二年义务教育的试点。因为各地经济发展条件不同，各地区义务教育免费制度也有差异。

从 2007 年秋季起，珠海市对本市户籍的中小学生实行十二年免费教育，高中教育阶段免学费。这一措施使高中阶段的入学率从原来的 88% 上升到 97%。福州马尾区从 2010 年起，全区普通高中实施免费教育，全面实现十二年免费教育。这些地方十二年免费教育的成功实践，为东部经济较发达地区提供了有益借鉴。从 2012 年起，西藏全面落实了十五年（即学前三年、小学六年、初中三年、高中三年）免费义务教育，高中阶段毛入学率达到 73.37%，青壮年文盲率从自治区成立初期的 95% 下降到 0.6%。此外，西藏正在积极建设各项教育配套设施，努力开展素质教育。

借鉴这些地区的经验，将高中阶段教育纳入义务教育范畴的实践是可行的。

家长愿意送孩子接受高中阶段教育，孩子也有主动接受高中阶段教育的积极性，这是高中阶段教育能够健康发展的基本动力。“教育改变命运”成为社会共识，学生与家长更加重视、认同高中教育，这些都为十二年制义务教育的推行提供了教育基础。

2018 年末，《这块屏幕可能改变命运》的报道引发舆论关注。根据该报道，成都七中开设网络直播班 16 年来，为 248 所中国贫困地区高中 7.2 万名学生提供远程同步直播课程，这些学生中，88 人考上清华大学、北京大学，不少人也因此“改变命运”。随着技术的进步，“直播教育”为降低教育成本、促进教育公平提供了新的思路。科学技术的进步同样也为十二年制义务教育的推行提供了技术基础。

教育是今天的事业、明天的希望。我国实行九年制义务教育以来，大大增加了群众平均受教育年限，提高了人口整体素质，对经济社会发展起到了重要作用。义务教育制度是国家的基本教育制度，义务教育年限的延长关系到广大群众的切身利益。在财力允许的情况下，让国民享受更多的教育福利是中国梦的应有之义，十二年义务教育不再是梦想。

3. 公平教育惠及全民

教育公平是社会公平的起点，是人民群众最关心的一大问题。让每一个人享有公平的受教育机会，是社会主义制度的本质要求和教育的公益性质决定的。在 2019 年全国教育工作会议上，“促进公平”被确定为“国家基本教育政策”，进一步推进惠及全民的公平教育，成为当前教育改革和发展的重大任务。

近年来，我国在保障教育机会公平方面迈出重大步伐，逐步在全国城乡实行免费义务教育，建立和完善家庭经济困难学生资助体系，对农村尤其是贫困地区、民族地区采取倾斜政策。在此基础上，逐步缩小不同群体发展差距，实现人的自由全面发展，保障人人享有受教育的机会。

在云南省云龙县功果桥镇云龙三中，有一间略显简陋但却干净、整洁的面包房，40 多岁的面包师傅施李元不时查看正在烘烤的面包。几分钟后，烤箱打开，满屋飘香。

“这是给孩子们大课间加餐准备的，孩子们可喜欢吃了。”施李元自豪地说。

一个民族地区贫困县的乡村中学，竟然有专门的面包师傅给学生做面包，这让许多人感到意外。对此，云龙县教育局局长杨雁解释说：“这几年我们下大力气改善乡村学校食宿条件，就是要让乡村学校的师生能吃得好、住得好。”

云龙县是一个以白族人口为主的民族县，也是大理州最偏远的山区贫困县。前些年，这里曾出现因乡村学校办学条件差而导致的生源外流现象。为了改变这种状况，云龙县近年来出台了一系列提振乡村教育的政策，下大力气办好乡村学校，留住生源。近年来更是着力推进城乡教育一体化建设，推出包括改善乡村学校食宿条件在内的一系列举措，目的就是让城乡孩子都能享受公平的教育。

“农村义务教育阶段营养改善计划”让孩子们吃上营养可口、安全卫生的午餐

对于边远贫困地区的乡村学校来说，食堂是为孩子们提供健康饮食、合理营养搭配的主阵地，也是留住生源的一个重要手段。2014 年以来，云龙县所有义务教育学校食堂实行学校自办，已投入 2650 多万元，建成 85 个义务教育阶段学校食堂，并投资 500 多万元统一购置现代化学校食堂设备设施。云龙县还采用政府向社会购买服务的方式给 102 所乡村义务教育阶段学校配齐 310 多名营养餐食堂工人，并将食堂用工工资列入县财政预算。目前，全县所有义务教育学校食堂建设均实现标准化、规范化。全县实施农村学生营养改善计划，仅 2017 年以来，全县营养改善计划支出就达 1890 万元。

云龙县还结合实际建设乡村教师周转宿舍，并将之纳入保障性住房建设范围，妥善解决乡村教师特别是新教师、交流轮岗教师及实习支教师范生等的居住问题。这些暖心的政策稳定了乡村教师队伍，促进了全县城乡义务教育一体化建设。

为保障农村适龄儿童就近入学，云龙县科学规划义务教育资源，形成较为合理的城乡学校结构布局。到目前为止，全县每个乡镇至少有一所初级中学，每个村有一所完小，并保留部分村小和教学点。在农村学校布局调整工作中，云龙县注重加强对中小学尤其是乡村小学教学点的管理，不断规范办学行为；有针对性地加强教育教学研究工作，提高乡村教师的教学水平，全面改善乡村学校办学条件，促进乡村学校提高教学质量，巩固城乡教育一体化发展成果。

将地理坐标转移到安徽省亳州市，公平教育惠及全民的例子也随处可见。

在安徽省亳州市利辛县胡集学区高圩小学，目光所及，处处都是新景象。高大的门楼、平坦的水泥路、崭新的教学楼、宽敞的塑胶操场、漂亮的花圃廊亭……标准丝毫不亚于城区学校。这是亳州市推进公平教育的显性成果。

近年来，亳州市高度重视义务教育均衡发展，不断加大硬件投入，改善办学条件，实施薄弱学校改造和村小提升工程。一座座漂亮的标准化校园和高圩小学一样出现在百姓家门口。

近年来，亳州市大力发挥“三通两平台[①]”和数据库的服务能力，通过智慧校园、智慧课堂建设，改革教学方式，不断提高教学效果、管理能力和教育质量。教育信息化“隔空发力”，成了缩小城乡教育差距、实现“不让一个学生掉队”的得力手段。依托宽带网络和视频会议技术，由城区学校或农村中心学校优秀教师主讲，将优质音乐、美术等课程实时传输到农村教学点，与教学点教师一道，实现同步教学。这种跨越时空的在线课堂模式，正逐渐被亳州广大农村和偏远地区学校的师生所熟悉。

不仅如此，校园网、人人通、班班通、智慧课堂、录播室、网络备课室……在亳州农村各个学校基本实现了全覆盖。“信息化”正成为学校教

①三通两平台：三通指宽带网络校校通、优质资源班班通、网络学习空间人人通，两平台指教育资源公共服务平台和教育管理公共服务平台。

育教学的主要手段。随着第五代移动通信（5G）的标准研究、技术试验和产业推进，信息化教学将会在全国学校得到大规模推广。

教师队伍不均衡一直制约着教育公平。2016 年起，亳州市推行教师无校籍管理，全市公办中小学、幼儿园在职在编教师由“学校人”变为“系统人”，定期轮岗交流。凡在同一所学校任教满 6 年且距离法定退休年龄 5 年以上的教师必须纳入轮岗交流范围。城镇学校、优质学校每年教师轮岗交流的比例，不低于符合交流条件教师总数的 10%，其中骨干教师轮岗交流不低于交流总数的 20%。

2017 年 6 月，亳州市无校籍管理改革被教育部认定为国家级改革示范区。

站在新起点上，亳州市又出台了一系列推进教育公平、消除城乡二元结构壁垒的举措，惠及城乡所有孩子。

公平教育惠及全民，是我们党坚持全心全意为人民服务根本宗旨的重要体现。在新时代，应通过进一步办好义务教育，不断完善国家助学制度，切实解决特殊群体孩子的上学问题，不断满足广大群众日益增长的多层次、多样化教育需求。“同在蓝天下，共同成长进步”的公平教育美好愿望正一步一步变成现实。

4. 新高考不再“分分计较”

2017 年 6 月 7 日，一年一度的高考日如约而至，浙江省“新高考元年”的首批高三毕业生走进考场。在杭州高级中学贡院校区考场外，考生满脸笑容，轻装上阵，就连站在门口迎接考生的老师们都说：“今年的高考比往年任何一次都要轻松。”轻松从何而来？考生们不约而同地提到“考试任务轻了”。因为在本次考试之前，考生们已经完成了“7 选 3”中三门科目的高考。

杭州杭高（贡院校区）考点，语文科目考试结束后，考生走出考场

上午 11 点半，首场语文考试结束，考生们陆续走出考场，面带从容自信的笑容。杭州高级中学的学生、曾三次获得“鲁迅青少年文学奖”一等奖的俞舒扬谈到作文题时说：“这道作文题既要广泛地求索知识，也要做到读万卷书、行万里路，更要从社会中汲取书本中没有的知识，追求内心的平静和道德的升华。”

一位前来接孩子的家长兴致勃勃地说，她儿子的三门选考科目是物理、地理和历史，在填报专业时可以文理通吃。在她看来，现在的升学通道越来越多，孩子的机会也越来越多，应该鼓励孩子全面发展。

对于高考，“改革”就是一个绕不过去的主题词。自1977年恢复高考招生制度以来，高考改革一直在进行，教育主管部门围绕考试科目和内容进行了多次调整和完善。2010年，《国家中长期教育改革和发展规划纲要（2010—2020年）》把改革高考制度放在很突出的位置，把形成“分类考试、综合评价、多元录取”的制度作为高考改革的核心目标。2013年，中共十八届三中全会提出，推进考试招生制度改革，探索招生和考试相对分离、学生考试多次选择、学校依法自主招生、专业机构组织实施、政府宏观管理、社会参与监督的运行机制，从根本上解决一考定终身的弊端。2014年，国务院发布《关于深化考试招生制度改革的实施意见》，教育部也发布了《关于普通高中学业水平考试的实施意见》，提出从2015年起全国将全面推进包括语文、数学、外语等9个科目以及艺术、体育、通用技术、信息技术等的学业水平考试，在实行高考综合改革的省（区、市），计入高校招生录取总成绩的学业水平考试3个科目，由学生根据报考高校要求和自身特长，在思想政治、历史、地理、物理、化学等科目中自主选择。学生可以在完成必修内容的学习，对自己的兴趣和优势有一定了解后确定选考科目。这标志着新一轮考试招生制度改革全面启动。

新高考改革，给考生和家长产生了新的影响，带来了新的变化。这些影响和变化，主要表现在以下几个方面：

一是通过学业水平考试科目选考制度，增加了学生的选择权，促进了学生有个性、有特色地发展。

在河南省实验中学老师李功毅看来，新高考改革更有利于学生发挥特长。据他介绍，以前，学生们在完成必修内容后，如果考试科目中有哪科是短板，就必须努力补上。相比之下，某些学生成绩平平，但只要没有拖后腿的科目，高考成绩也会不错。“补差虽然增长了学科成绩，但很难促进学生成长。”李功毅表示，高考改革试点城市实行新规，意味着学生的学习重心不再是如何补救自己的薄弱学科，而是如何充分地强化自己的兴趣学科。虽然学生在学业上的任务并没有减少，却会因为“避短”而减少挫败感，“扬长”而增加成就感。此外，在录取上，学生可以选择自己擅长的科目作为选考科目，这样，有特长的学生就会在录取中展现优势。

潍坊一所民办学校的校长介绍说，他们学校的一个学生虽然某些学科成绩平平，但他制作的无人机水平很高，还在读高二时就已经被南京航空航天大学提前看中。可见，只要孩子有自己的特长，就可以成才。

二是通过参考综合素质评价成绩，引导素质教育，增加学生的社会责任感、创新精神和实践能力。

教育部公布的《关于加强和改进普通高中学生综合素质评价的意见》明确规定，高中将建立学生综合素质评价制度，分思想品德、学业水平、身心健康、艺术素养和社会实践5项，转变以考试成绩为唯一标准评价学生的做法，为高校招生提供重要参考。在学业水平方面，重点是学业水平考试成绩、选修课程内容和学习成绩、研究性学习与创新成果等，特别是优势学科的学习情况。在艺术素养方面，重点是在音乐、美术、舞蹈、戏剧、戏曲、影视、书法等方面表现出来的特长，参加艺术活动的成果等。学生的相关特长、突出事迹、优秀表现等情况记入学生综合素质档案，作为高校招生的参考，这有利于从应试教育走向素质教育，改变“高分低能”的现象。

北京师范大学教授顾明远认为，原来的“高考指挥棒”导致中小学教育考试分数的权重越来越大，几乎成为选拔录取的唯一依据，升学竞争也逐步演变为“分分计较”的分数竞争，于是出现了培训机构“绑架”学校、“绑架”家长的现象，也出现了小学生甚至幼儿园小朋友都去学奥数的现象。新高考改革就是要彻底改变“应试教育是管用的”这种观念，真正实现素质教育。

三是通过取消文理分科考试，提高学生基础素养，培养学生综合能力，从而彻底结束高中文理分科的历史。

河南大学教育科学学院教授杨捷认为，不分文理，只有三科计入总成绩，学业水平考试由百分制转为等级制，意味着对学生的考查不再单纯以分数来评价，而是更加重视学生的综合素质，有益于学生综合、全面发展，对于摆脱唯分数、唯高考选拔人才具有积极作用，也有利于淡化“分分计较”。

此外，新高考改革还有一个很大的亮点就是实行分类考试，也就是高职院校与普通高校的考试招生分开进行。教育专家很早就提出，高等职业教育要以高中学业考试为基础，重点考查学生的动手能力、技能等。这种改革可以“解放”一批报考高等职业学校的学生。

如今，为了适应新高考改革，一些大城市的高中开始实行“走班制”。教室和老师相对固定，学生根据自己的能力和兴趣自行选择适合自己的班级上课，不同层次的班级，其教学内容和程度要求不同，作业和考试的难度也不同。这在一定程度上适应了“3+3”的新要求。顾明远指出，“走班制”倒逼高中教育改革，就是要让课程多样化，减少必修课，增加选修课，课程设置要符合学生的兴趣爱好和特长，让学生有选择权。湖南省教育专家也建议，学生可根据个人兴趣、科目特长、职业规划和人生目标四个方面进行选课，越是学科倾向明显或越早进行职业规划的学生，就能越好地运用选择权。

新高考改革，录取不再“分分计较”，选课可以“随性自由”，发展可按学生的个性特长来……，“一考定终身”“只招分，不招人”的现象将不再出现，这些都是学生将享受到的高考改革成果。我们相信，不断推进教育改革，全面贯彻党的教育方针，落实立德树人根本任务，发展素质教育，推进教育公平，就一定能培养出德、智、体、美全面发展的社会主义建设者和接班人，培养出能够担当民族复兴大任的时代新人。

5. 处处能学，时时可学

2015 年，国际教育信息化大会在山东青岛开幕，与会的教育专家都殷切期盼着习近平主席的贺信。到场的专家学者都知道，当今世界，科技进步日新月异，互联网、云计算、大数据等现代信息技术深刻改变着人类的思维、生产、生活、学习方式，深刻展示了世界发展的前景。教育兴则国家兴，如何让每个人实现终身学习，成为教育界亟待解决的问题。这一次，习近平主席在大会贺信上明确提出：建设“人人皆学、处处能学、时时可学”的学习型社会，培养大批创新人才，是人类共同面临的重大课题。

根据国务院多部门的工作部署，到 2020 年实现 98% 的行政村通光纤。全面实施信息进村入户工程，开展整省推进示范，力争到 2020 年村级信息服务站覆盖率达到 80%。届时，依托互联网和 5G 的推广，将大大缩短经济发达地区和贫困地区的教育差距。

建成“人人皆学、处处能学、时时可学”的学习型社会，离不开社会各界集思广益。在这个互联网风起云涌的时代，教育这颗种子借助互联网的东风，深深根植在千家万户。

成都七中是一所名校，仅 2017 年就有 30 多人被伯克利大学等国外名校录取，70 多人考进清华大学和北京大学，一本率超九成。这种优质的教学资源通过网络直播的形式面向 200 多所贫困地区学校开放，为中国贫困地区的高中学生带来了福音，改变了这些贫困地区孩子的命运。贫困地区学校的孩子们，全天候跟随成都七中平行班直播，一起上课、作业、考试。受益于网络教育直播，这些学校的教学质量有了显著提高，有的学校出了省“状元”，有的学校本科升学率提高几倍甚至十几倍。

距离成都七中千里之外的云南禄劝第一中学坐落在国家级贫困县禄劝，禄劝一中把 2018 年直播班里考上清华大学和北京大学的两名学生的名字，用加大加粗的黄色字体印在校门口的巨大红色招牌上，这样的教学成果对一个贫困县中学来讲可谓来之不易。在这个 90% 面积是山区、距离昆明只有几十公里的小城，十几年前，“送昆明”成了攀比之风。

北京教师远程送课至河南乡村学校

禄劝一中刚把直播课引入学校时，还曾遇到过老师撕书抗议。有些老师自感被瞧不起，于是消极应对，甚至整周请假，让学生自己看直播。禄劝一中的孩子们透过屏幕，感受到了自己与成都学生的差距。禄劝一中的很多学生没出过县城，他们听着成都七中的学生在课堂发言时谈到“游览”了英国、美国，用他们闻所未闻的材料去分析课文，内心受到极大的震撼。山区一位成绩名列前茅的高三女生说：“没办法，贫穷限制了我们的想象力。”

一块课堂直播屏幕给这所学校带来了想象不到的震荡。通过网络教育直播，成都七中和禄劝一中的学生接受了同等的教育，然而禄劝一中的学生刚开始并不适应，压力很大。小考、大考一结束，总有人在教室里抹泪，也有人跑到老师办公室抽泣，不少学生一提考试就发抖。有一次考试，成都七中平行班的考试成绩平均 103 分，而禄劝一中那个班只有 30 分。很多学生高呼：完全跟不上啊，绝望啦。对于这些灰心的孩子们，老师们为他们重建信心，安慰大家：只要熬过高一，就会突飞猛进。

网络教育直播既带来了压力，也提供了动力。成都七中考试一结束，老师们就彻夜批改、分析上百份试卷，第二天讲评。其他地方的老师说这简直不可思议，这些工作他们原来需要一周时间才能完成，但现在必须跟上，整个学校的工作节奏都紧张起来。

崭新的教学方法冲击着这些老师。学生们有了对比，倒逼老师们改变教学方法。一些互联网教学远端的老师声称，虽然不用“亲自讲课”，但为了保证跟上进度，1 个直播班的工作量，约等于 3 个普通班。这些老师琢磨出一些方法，比如整理成都七中老师课前发送的课件并编制成学案，让学生提前预习；课上盯着学生的表情，记录下疑惑的瞬间，琢磨着课后补足；屏幕那端偶有间隙，见缝插针给学生解释几句。为了跟上进度，禄劝一中的老师利用周末的自习时间帮学生查漏补缺。

有了互联网的东风，学生们真正实现了“处处能学，时时可学”。一些直播班的学生，经过 3 年全英文教学，口语出众，这会让他们在今后的大学生活中获益良多。

如今，众多社会团体积极响应国家的号召，越来越多的人可以在业余时间坐在家里听麻省理工学院的教授上课，听北大教授“侃大山”。他们既不是北大的学生，更不是麻省理工学院的学生，却能享受到知名大学的在线课程资源（慕课），这就是在线教育带给人们的福利——让平民在没有围墙的大学遨游知识的海洋。

人才决定未来，教育成就梦想。生活在新时代的任何人，都可以借助网络，向其他任何人学习，学习他们感兴趣、想了解的知识，这在人类教育史上是前所未有的。在网络教育的大同世界，学习的空间多样，学习的主体多元，学习无处不在。人们坐在家里上网，就能做到“秀才不出门，便知天下事”，一个“处处能学，时时可学”的时代正在悄然来临。

二、劳动创造美好生活

6. 创业搏出人生精彩

新时代为创新创业者提供了广阔的舞台。

李克强总理 2014 年 9 月在夏季达沃斯论坛上，提出了“大众创业、万众创新”的号召，要在 960 万平方公里土地上掀起“大众创业”“草根创业”的新浪潮，形成“万众创新”“人人创新”的新态势。

2015 年政府工作报告指出，推动大众创业、万众创新，“既可以扩大就业、增加居民收入，又有利于促进社会纵向流动和公平正义”。党的十八届五中全会明确了“创新、协调、绿色、开放、共享”五大发展理念，这将是我国在“十三五”期间乃至更长时期内的发展思路、方向和着力点。在五大发展理念中，创新理念排在第一位，不难看出，创新已经摆在国家发展全局的核心位置。党的十九大报告将“智慧社会”写进报告，中国智慧社会建设正处在进行时，中国正在迈向智慧社会，需要更多

2018 年全国大众创业万众创新活动周（全国“双创周”）北京会场，观众与智能机器人互动

有梦想、有意愿、有能力的群体投身创新创业大潮中，更好地助推创新创业发展，推动智慧社会建设。

为更好地推进大众创业、万众创新，国务院相继制定了一系列文件。国务院各部委和各省、自治区、直辖市也相继制定了一系列文件，共同为大众创业、万众创新搭建平台。这既是对现在众多创业者的肯定，也是对全民创业的极大鼓舞。通过自上而下的结构性改革、体制机制创新，消除不利于创业创新发展的各种制度束缚和桎梏，为“创客”清障搭台，也为众多“创客”提供机遇，在公平竞争市场环境中实现自己的创业梦想。

在一系列创业创新政策制度的推动下，当前我国的创业创新环境发生了深刻改变。国家统计局数据显示，2015 年全国新登记市场主体 1479.8 万户，平均每天新增 1.2 万户；2016 年全国新登记市场主体 1651.3 万户，平均每天新增 4.51 万户；2017 年，全国新登记市场主体 1924.9 万户，平均每天新增 5.27 万户。2018 年全国新登记市场主体 2149.6 万户，平均每天新增 5.89 万户。这些数据表明，近几年来创业创新良好氛围正日益形成，创新驱动发展战略正日益深入人心，社会创业创新活力正日益迸发，“大众创业、万众创新”正步入黄金期，我国的人力资源优势正在迅速转化为人力资本优势，大众创业创新已成为稳定和扩大就业的重要途径，而且已成为国家长远发展的动力。

《国务院关于强化实施创新驱动发展战略　进一步推进大众创业万众创新深入发展的意见》指出：创新是社会进步的灵魂，创业是推进经济社会发展、改善民生的重要途径，创新和创业相连一体、共生共存。近年来，大众创业、万众创新蓬勃兴起，催生了数量众多的市场新生力量，促进了观念更新、制度创新和生产经营管理方式的深刻变革，有效提高了创新效率，缩短了创新路径，已成为稳定和扩大就业的重要支撑、推动新旧动能转换和结构转型升级的重要力量，正在成为中国经济行稳致远的活力之源。

如果说以前创业只是在少数群体中涌动的细流，那么如今，涓涓细流已汇成一股巨浪，在全社会掀起了澎湃之势。种种迹象显示，英雄不问出处，创业不分贵贱。

专业不是障碍。3W 咖啡是李克强总理视察中关村创业大街的一个点，曾是国内最早的众筹咖啡馆。以 3W 咖啡为契机搭建的创新型孵化器——3W 孵化器，不仅解决了创业者的办公场地等硬件问题，而且衍生了除联合办公之外的 3W 其他创业者服务。3W 咖啡创始人许单单，硕士研究生专业是印度语言与文学专业，由于课程安排和他的预期不符，所以在北大读研究生期间，他就开始不断去创业、去折腾。他创立 3W 咖啡，旨在打造一个可以让互联网人交流沟通的平台。

身份不是阻力。高始兴是剑桥商学院的学生，俞凯是剑桥大学工程系研究语音的博士，再加上同样就读于剑桥的林远东，3 个有着高学历背景的留学生，2007 年在剑桥大学高新区创立了思必驰公司，随后团队回国，公司落户苏州工业园区。“我觉得选择创业是选择一种生活方式，骨子里爱挑战的人一般愿意去创业，敢于去创业。”高始兴这样解释自己的创业动机。创业在他看来是一定会走的路，没有别的选择。

年龄不是界限。2013 年，张胜辞掉了赛迪集团《软件世界》杂志社常务副社长兼总编辑的职务，和几个合伙人一起成立了灵聚科技，那一年，他刚好 40 岁。所谓“四十不惑”，40 岁创业的好处是做了足够的预案，即便面对最意想不到的情况，也不至于过多地影响情绪和决策。

职务不是问题。“马蜂窝”的创始人很好地印证了这样一个道理。早在 2006 年，陈罡和他在搜狐的同事吕刚，因为特别爱拍照、爱自驾、爱摄影、爱沿途的各种旅行美食，也特别爱分享，就一起为自己的兴趣爱好搭建了一个个人网站。2010 年，网站已经聚集了将近 10 万名旅行爱好者。于是，他们两人离开之前的公司正式组创“马蜂窝”，把自己的一份兴趣和爱好变成一份事业来经营。

近年来，围绕大众创业、万众创新，自中央到地方进行了一系列改革和创新，破除不利于创新创业的体制机制，建设成熟、公平的市场环境，形成有利于创新带动创业、创业促进创新的良性循环。

当前，中国特色社会主义进入新时代。新时代是我们每个人大有可为、大有作为的时代。不论年龄、性别、职业、职务、学历、阶层，若胸怀创业梦，有一颗创新创业的心，有一份敢为天下先的勇气、决心和毅力，对“新”事业有激情、有动力、有干劲，脚踏实地，一步一个脚印，以“谋事要实、创业要实、做人要实”的要求，努力克服创业路上的艰难险阻，在大众创业、万众创新时代潮流的推动下，结合“互联网 +”“中国智造 2025”等重大举措，在未来几年里，新技术、新业态、新模式的发展，产业升级的速度会不断加快。人们通过创业创新获得的成就和幸福感会越来越丰富和多层化。正如政府工作报告在表述创业创新文化时强调的，让人们在创造财富的过程中，更好地实现精神追求和自身价值，搏一次人生的出彩。

7. 新时代的“斜杠青年”

互联网技术的飞速发展，推动着中国社会快步进入共享经济、分享经济时代，催生了许多新兴产业如火如荼地发展，如城市门户网站、网约车平台、共享单车等。新兴产业大量涌现，带动了就业多元化。一个公司白领可能也是瑜伽教练，一个工程师可能也是网络小说作者。一群在职业简介里面带有一条又一条“斜杠”的新青年——“斜杠青年”，频频出现在我们的视野当中。

“斜杠青年”是一个新概念，由英文“slash”衍生而来，这一概念来自美国《纽约时报》专栏作家麦瑞克·阿尔伯的著作《双重职业》。“斜杠青年”通常指不满足单一职业的生活方式，选择拥有多种职业和多个身份，寻求多份收入，追求多样的生活方式，实现多元价值的群体。他们通常用斜杠来区分自己的多个身份，例如：张三，律师 / 演员 / 制片人 / 导演。于是，“斜杠青年”就成为他们的代名词。

从事某种职业，代表人们承担着相应的社会责任。“斜杠青年”则是将多种职业身份集于一身，有多重社会角色和定位。在年轻人看来，职业不仅可以获得收入，还可以追逐自己的兴趣与梦想。

在互联网阅读蓬勃发展的今天，许多知名作者不仅拥有大量读者，其粉丝也纷纷从互联网向线下迁移。如作家韩寒、郭敬明、流潋紫等，他们因为文章被人们所熟知和关注，之后开始运营知识产权（IP，Intellectual Property），有的转型做导演，有的做编剧，开发衍生产品。

另一个为大家所熟知的“斜杠青年”是因为《吐槽大会》这档综艺脱口秀节目大火的李诞。他是节目制作人，是一个具有自己洒脱轻快风格的脱口秀演员，也是一个有思想的作家、诗人。

除了常见的娱乐圈明星多栖发展，我们身边的“斜杠青年”也随处可见。《中国青年报》社会调查中心联合问卷网对 1988 名 18～35 岁青年进行的一项调查显示，52.3% 的受访青年确认身边有“斜杠青年”，56.7% 的受访青年认为“斜杠青年”可以高效利用时间，充实生活。

从事多年英语教学工作的刘旸，更享受每周几个晚上在小剧场做单口喜剧表演

“90 后”梁宇是一名自由工作者。他和几个喜欢摄影的朋友开了一间工作室，接一些写真、广告和宣传片等工作。同时，梁宇在“知乎”上有一个经营多年的账号，时常活跃在情感板块。他在“知乎”上的个人介绍便是“斜杠青年”常用格式：摄影师 / 自由撰稿人 / 广告设计者。“如果按照如今流行的说法，我感觉自己是一名比较称职的‘斜杠青年’。身边的人大多和我一样，在本职工作之外有很多爱好。”

爱好是最强的动力，兴趣是最好的老师。有了爱好就会有学习的积极性和主动性，就会有强烈的求知欲以及持之以恒追求梦想的决心和毅力。这也许是“斜杠青年”随时随地都处在工作、忙碌状态的真实原因。

“斜杠青年”的大批涌现并不是随机事件，而是我国经济社会发展的必然结果。随着我国全面深化改革的持续推进，我国的产业结构不断优化升级，经济结构出现重大变革。当前，我国已进入后工业时代，服务业已成为我国的主要经济形态。服务业可以创造大量就业机会，有助于社会稳定。同时现代服务业不需要大规模的厂房、机器设备，能够为青年提供更多兼职选择，促使其成为“斜杠青年”。

现代服务业对从业者综合素质、工作效率的要求大大提高，有些从业者无须到现场，即可通过网络、物流提供服务，每个人都可以成为一个独立的服务提供商。不仅如此，互联网除了使学习知识变得容易和方便，也使人们获取信息变得方便，有效缓解了信息不对称的矛盾。这都为“斜杠青年”的不断涌现提供了时代背景和生存环境，也使他们更容易实现跨行业、跨职业的自由流动。

随着经济社会的快速发展，组织外部的竞争环境日趋剧烈，顾客需求呈现多样化，信息技术的普遍应用以及全球化带来各种不确定性，这些变化都需要组织做出快速反应，以应对各种变化和不确定性带来的挑战。为了降低成本，提高组织的灵活性和适应性，当前的组织结构呈现出扁平化、小型化、松散化发展趋势。组织结构做出减少管理层级、外包部分职能、注重最终产品等调整，一方面解除了组织对个人的强制性规范，使个人拥有更强的自主性和选择性；另一方面，个人可以通过成立团队、承包项目等方式履行组织向外转移的部分职能，成为独立的产品和服务提供者，以“合作者”而不是“被雇佣者”的身份出现。特别是在科技革命的影响下，互联网技术被广泛利用和深度开发，“路子广、渠道多”成为职业发展的新业态。渐趋扁平化的组织架构，为员工多元化兼职提供了更广的空间，也为“斜杠青年”提供了展示自我的舞台。

随着互联网的快速发展，当前社会已进入信息爆炸的时代。青年生活在开放自由、自我奋斗的时代，其世界观、人生观、价值观不可避免会受到影响，思维方式变得灵活，乐于尝试新鲜事物，勇于打破常规。青年的独立意识、竞争意识、创新意识、风险意识、学习意识、服务意识强，他们不满足于单一稳定的职业，而是追求多重职业身份的工作和生活方式，见缝插针和随机应变是他们忙碌生活状态的真实写照。伴随着忙碌的工作和生活，他们的知识、经验、技能、人脉不断积累，解决问题的能力不断提高，更会被市场认可和接受，也会给青年带来多重收入，缓解生活压力和不断增加的生活成本。政府号召“大众创业，万众创新”，只要有一技之长，就可以借助互联网，通过各种平台，从事多重职业，获得多重收入。收入的增加是“斜杠青年”产生的重要动力。

“斜杠青年”的发展，也是其自身的社会化过程，是一个不断学习和进步的过程。当然，从事多重职业和具有多重身份需付出超常的时间与精力，受个人能力、时间与精力所限，从事兼职一般不可能从零开始，多数是根据现有知识、经验、能力拓展关联领域的“触类旁通”，这也可以取得事半功倍的效果。“斜杠青年”所从事的职业都具有一定的相关性，比如，何炅就拥有主持人 / 话剧演员 / 导演三个身份，这三个职业之间相关联的知识以及相交叉的技能，使这样的多栖发展有了可能性。

新时代的舞台对每一个有志青年开放。这归功于经济社会的发展，也是共享经济时代人尽其才的表现。“斜杠青年”不断涌现，是社会不断发展进步的必然结果，同时，也是年轻人追逐梦想的结果。富有创新思维、把握时代脉搏，再辅之以明确的目标和锲而不舍的奋斗，“斜杠青年”的人生，必然是自主、多元和有趣的。

8. 匠心筑梦

从 2015 年五一劳动节开始，中央电视台新闻频道陆续推出 8 集系列纪录片《大国工匠》，讲述了 8 位不同岗位的普通劳动者淡泊名利，在平凡的岗位上，凭着专注、敬业、坚守的执着精神，努力钻研，数十年如一日追求着技能和产品的精益求精，用自己的灵巧双手，在平凡岗位上做出了不平凡的业绩，实现了个人价值的最大化，真正实现了匠心筑梦。

党和国家对培养工匠精神高度重视。李克强总理在 2016 年政府工作报告中提出：鼓励企业开展个性化定制、柔性化生产，培育精益求精的工匠精神，增品种、提品质、创品牌。党的十九大报告也指出：建设知识型、技能型、创新型劳动者大军，弘扬劳模精神和工匠精神，营造劳动光荣的社会风尚和精益求精的敬业风气。

为了宣传工匠精神，中央电视台拍摄制作了一部 3 集文物修复类纪录片——《我在故宫修文物》。这是一部讲述匠人精神的纪录片，重点记录故宫书画、青铜器、宫廷钟表、木器、陶瓷、漆器、百宝镶嵌、宫廷织绣等领域的稀世珍奇文物的修复过程和修复者的生活故事，呈现文物修复师认真的工作态度和精益求精的工作状态。这部纪录片播出后受到广大年轻人的喜爱，这足以证明匠心——这种精益求精的工作态度以及专注职业的工作热情在当代社会的受欢迎程度。

当前，培养工匠精神已经上升为国家战略。培育具有“匠心”、适应经济社会发展的技术技能型人才，已成为我国由制造大国向制造强国迈进、由中国制造向中国创造转变、实现“中国制造 2025”宏伟蓝图的战略举措，已成为实现中华民族伟大复兴中国梦的重要保障。2018 年政府工作报告指出：“全面开展质量提升行动，推进与国际先进水平对标达标，弘扬劳模精神和工匠精神，建设知识型、技能型、创新型劳动者大军，来一场中国制造的品质革命。”提高产品和服务的品质，需要工匠精神。

2019 春夏上海时装周 Reclothing Bank 品牌秀场

从古至今，中国都不缺乏具有工匠精神的“匠心人”，中国的四大发明——造纸术、印刷术、指南针、火药，都是中国古代匠人持之以恒、长期钻研创造出来的，对人类社会的发展产生了重大影响。在当代中国，各行各业都有许许多多的“匠心人”。中国设计师张娜致力于将旧衣物转化，进行衣服的升级再造，创立了再造衣银行 (Reclothing Bank) 品牌。作为一名服装设计师，她对中国时尚保持着自己独有的匠心，打造了有情感联系、有温度而且十分环保的自有设计品牌。她对工作保持着创作热情，将自己的工作与年轻一代的发展联系起来，尽自己所能展现着极具创造力的一面，为塑造“中国创造”的国家形象献力。这种专注、精益求精的精神就是匠心的有力体现。在其他行业，还有许多跟张娜一样独具匠心的人，他们在自己的工作岗位上，默默无闻地用自己的专注、敬业、创新提升产品和服务的品质，追求产品和服务的极致化，用高品质的产品和服务，服务社会、奉献社会，为国家发展贡献自己的力量，提升中国制造的国际影响力，他们是真正助推中国制造迈上一个新台阶的重要力量。

工匠精神是一种爱岗敬业的职业精神。“匠心人”从事工作的动机不单是为了谋生，他们对从事的工作有敬畏之心，能够忠于职守、克己奉公，具有积极向上的人生态度；他们具有强烈的事业心、进取心和责任心；他们耐得住清贫，甘于寂寞，忠于本职，热爱岗位，专注于所从事的事业。正因为如此，他们能够锲而不舍地追求产品和服务的极致化，凭着专注和坚守，攻克一个又一个难题，创造一个又一个奇迹。高凤林是中国航天科技集团一院火箭总装厂高级技师，被认为是发动机焊接的第一人。很多企业试图用高薪聘请他，甚至有人开出几倍工资加两套北京住房的诱人条件，但他不为所动，一一拒绝。理由很简单，用高凤林的话说，就是每每看到自己生产的发动机把卫星送到太空，就有一种成功后的自豪感，这种自豪感用金钱买不到。

工匠精神是一种精益求精的工作态度。能够被称为工匠，其手艺自然得到社会公认。但工匠对于自己制造的产品永远不会满足。在他们的心目中，制作出来的产品没有最好，只有更好。有的人能在牛皮纸一样薄的钢板上焊接而不出现一丝漏点，有的人能把密封精度控制到头发丝的 1/50，还有人检测手感堪比 X 光那般精准，令人叹服。要把工作做到这般极致，没有一丝不苟、精益求精的工作态度显然是无法做到的。

2018 年 4 月 24 日，习近平总书记在湖北考察时说，三峡工程是国之重器。他强调：真正的大国重器，一定要掌握在自己手里；核心技术、关键技术，化缘是化不来的，要靠自己拼搏。5 月 2 日，习近平总书记在北京大学考察时说，重大科技创新成果是国之重器、国之利器，必须牢牢掌握在自己手上，必须依靠自力更生、自主创新。总书记的两次考察，都强调“大国重器”一定要掌握在自己手里。“大国重器”牵涉国脉国运，关系民族盛衰。重大科技创新，人是最关键的因素，而作为最关键因素的人，应是具有爱岗敬业的职业精神和精益求精的工作态度的“匠心人”。“匠心人”创造“国之重器”的过程，也是他们追逐梦想的过程。

具有工匠精神的“匠心人”，具有技艺之美、创造之美、坚守之美。只有那些辛勤劳动、热爱本职、兢兢业业、尽职尽责、精益求精的人，才可能成就一番事业，才可能真正实现人生价值。

9. 大河有水小河满

改革开放40年来，中国社会发生了翻天覆地的变化。2018年3月5日，李克强总理在十三届全国人大一次会议上作政府工作报告时指出，五年来，人民生活持续改善，居民收入年均增长7.4%，超过经济增速，形成世界上人口最多的中等收入群体。人们对美好生活的需要日益增长。党的十九大报告指出，当前，中国实现了强起来的伟大飞跃，中国特色社会主义进入新时代，我国社会主要矛盾已经转化为人民日益增长的美好生活需要和不平衡不充分的发展之间的矛盾。

在南京市江宁区世凹村西侧，有两座徽派平房，平房上有个木质院门头，上面写着“珍嫂”两个字，老板娘叫朱兴珍。提到朱兴珍，村里人无不夸赞她“人好”“孝顺”“和气”。

因为父母都是聋哑人，朱兴珍一家在村里曾是出了名的困难户。朱兴珍长大嫁到铁心桥马家店后，因为放心不下家人，经常回娘家来照看。2012年借助牛首山风景区的区位优势，世凹村向生态旅游特色村转变，朱兴珍想到自己的父母年龄已大，无人照顾，便只身一人回到娘家，用父母的房屋开起了“珍嫂”饭店。

“以前在工厂干活，拿不到多少钱，父母有个头疼脑热的还照顾不上，现在开农家乐，收入增加了不说，照顾父母更加方便了。”朱兴珍说。

2013 年，为了降低饭店经营成本，她还鼓励老公学习厨艺，到“珍嫂”饭店做厨师，夫妻俩齐心协力，迅速提升了饭店的经营业绩。

“这个家完全是这间农家乐撑起来的。”朱兴珍每天在饭店里面忙碌，父母虽然聋哑，可因为有朱兴珍的照顾，身体还不错，在村里养鸡养鸭、种些蔬菜，供应给饭店做食材；弟弟也帮着饭店干一些累活苦活，天暖和的时候就去河里抓鱼摸虾，省下了不少买菜钱；老公白天在店里掌勺，晚上还得去干保安。朱兴珍说：“我们一家人虽然比较忙，有点累，可真的很幸福。”正因为他们家夫妻和谐、家庭团结、互敬互爱、邻里和睦、互帮互助，2015 年被评为“南京市十佳幸福家庭”。

按照国家相关部署，2020 年我们将全面建成小康社会。无数个与朱兴珍一样勤劳的家庭，收入在不断增加，大家携手向着美好生活又迈进了一大步。

习近平总书记在党的十八届三中全会第二次全体会议上指出，“蛋糕”不断做大了，同时还要把“蛋糕”分好。我们要在不断发展的基础上尽量把促进社会公平正义的事情做好，既尽力而为，又量力而行，努力使全体人民在学有所教、劳有所得、病有所医、老有所养、住有所居上持续取得新进展。

深化收入分配制度改革，分配是关键。首先，在初次分配中要提高劳动报酬占比，通过提高工资性收入，体现劳动要素在分配中的比重；其次，通过市场机制和政府的宏观调控，解决不同所有制企业、不同行业和地区之间劳动者工资收入差距过大问题，重点解决中小微企业、灵活就业中的普通劳动者劳动强度大、劳动时间长、工资水平低、支付无保障和就业不稳定的问题；再次，提高劳动者的正规就业率；最后，统筹体制内外职工工资决定和调整机制。

2016 年 10 月，国务院发布《关于激发重点群体活力带动城乡居民增收的实施意见》，《意见》提出，实施七大群体激励计划，即技能人才激励计划、新型职业农民激励计划、科研人员激励计划、小微创业者激励计划、企业经营管理人员激励计划、基层干部队伍激励计划和有劳动能力的困难群体激励计划；实施六大支撑行动，即就业促进行动、职业技能提升行动、托底保障行动、财产性收入开源清障行动、收入分配秩序规范行动、收入监测能力提升行动，为实现城乡居民增收提供服务支撑、能力支撑和技术支撑。

在党的政策指导下，作为农业大省的江西全面建立职业农民制度，大力培养新型职业农民，力争到2020年全省新型职业农民达到100万人。为实现这一目标，江西省提出将完善新型职业农民教育培训、规范管理和政策扶持体系，通过实施现代青年农场主培育工程、新型农业经营主体带头人培育工程和新型职业农民学历提升工程，打造一支爱农业、懂技术、善经营的新型职业农民队伍。

除了像江西这样的农业大省，上海也正在加强新型职业农民的培育，构建一支爱农业、懂技术、善经营的新型职业农民队伍。仅2017年一年，上海市培训的新型职业农民就达4091人，目前已累计认定新型职业农民10098人。上海职业农民培训已成为农业科技、农业教育等社会相关资源和力量融合的平台。

高级农艺师冯传荣（右二）在一家集团化蔬菜种植基地对新型职业农民进行技术培训

2018年8月2日，上海浦东新区第十届农产品博览会拉开帷幕。怀揣对土地的爱，不少浦东年轻人回归乡土。这些新型职业农民，抓技术、抓品质、抓销售，为浦东农业发展带来了新气象。2013年以来，浦东新区探索实施职业农民培育工作。如今在浦东，新型职业农民有近3000人 。他们当中，有心怀梦想的“农二代”，有返乡创业的青年，也有跨界从事农业的年轻人等。通过培训、项目扶持等孵化方式，这些新型职业农民正成为浦东“三高”农业的主力军和接班人，为浦东农业发展带来了新气象。

2017 年 6 月，国家发展改革委会同 21 个深化收入分配制度改革部际联席会议成员单位，制定出台了《2017 年深化收入分配制度改革重点工作安排》，明确了 4 个方面的重点工作：一是完善初次分配制度；二是加大再分配调节力度；三是营造良好环境和氛围；四是夯实收入分配制度改革基础。

我们相信在党的十九大精神和习近平新时代中国特色社会主义思想引领下，收入分配制度改革一定会不断深化，国民收入分配格局一定会更合理、更有序，全体人民共享幸福美好生活的梦想将成为现实。

10. 有困难，找“娘家人”

2019 年 2 月 22 日，首届全国“最美货车司机”事迹报告会在北京举行。这群人里，既有大型物流公司的司机，也有我们日常打交道最多的“快递小哥”，还有个体经营的货车司机。浙江省巨化集团汽车运输有限公司的货车司机童瑞龙就是其中一员。

道路货运行业是综合交通运输体系的重要组成部分，是国民经济发展的重要基础性服务业，在促进经济转型发展、保障和改善民生中发挥着不可或缺的重要作用。我国道路货运行业从业人员超过 2100 万，占交通运输从业人员总数的 70% 以上，长期以来为经济社会发展做出了突出贡献。

货车司机，这个被称为“国民经济红细胞”的群体，长期处于默默无闻的状态，却在无声无息之中，为中国经济发展做出了卓越贡献。由中华全国总工会等部门联合主办的全国首届“最美货车司机”推选宣传活动，让这个群体的故事首次以更加丰满的形象展示在人们面前。在这背后，无疑少不了工会的力量。

此前很长一段时间，货运行业没有工会组织，货运司机游离于工会之外。货运司机组织比较松散，多集聚在物流公司或者物流平台，流动性高，劳动强度大，相当一部分司机收入、福利等得不到有效保障。

针对这一实际情况，以浙江省总工会为代表的地方工会组织开展了将货运司机纳入工会组织的探索，将组建货运行业工会列为重要改革试点项目之一。中国工会十七大报告指出，要“强化职工在建会中的主体地位，探索职工网上申请入会等方式，推动工会组织向新兴领域新兴群体延伸”。工会触角的延伸首先是工会组织的延伸，将货运司机纳入工会组织的探索，无疑是很有开创意义的尝试。

为了让货车司机能在外“喝口热水、吃口热饭、洗个热水澡、睡个安稳觉”，2018 年，中华全国总工会、交通运输部联合开展“司机之家”建设试点工作，工作的重点就是着重解决司机们集中反映的各种困难。

“司机之家”带来的变化，让浙江的货车司机李言明感受很明显。他是一名专门拉纺织品的货车司机，平时一直都在甬金高速从事货运工作。2019 年 2 月 3 日，他从宁波拉着海鲜往家赶，在途经甬金高速嵊州服务区的时候，发现有个专供司机休息的“司机之家”，里面不仅有热水，还有专门的床位和简易躺椅。以前跑高速的时候，像李言明这样的货车司机一般都是到服务区灌个热水、上个厕所，很少有高品质的休息场地。在“司机之家”，环境干净整洁，有间隔开的床位，有电视、报刊、爱心药箱、手机充电器、无线宽带服务……这些都免费供司机使用。

无独有偶，在深圳市盐田港口，一个关于“娘家人”的故事在货车司机中广为流传：曾经，港口附近的路况乱得像一锅粥——货车司机担忧占道停车被罚款，每天忙于争抢车位。为了解决这一痼疾，深圳盐田港口汽车运输业工会联合会（港运工联会）决定“帮司机停好车”。工会积极与政府部门沟通，开辟更多临时停车位，同时利用微信公众号向货车司机每隔两小时发布剩余车位数，并在每个月抽取 90 名司机，提供免费停车 10 天的服务，引导司机文明有序停车。

一件“小事”为货车司机解决了“大问题”。10 年来，港运工联会用一件件“小事”，将“单兵作战”的货车司机组织起来，拧成一股和谐的力量，走出了一条“盐田之路”。

深圳盐田港，船来船往，车水马龙，这里是我国进出口贸易的重要门户。但由于港口汽车运输市场挂靠经营普遍，劳动关系复杂，在处理货物赔偿、保险理赔、交通事故、劳动纠纷诉讼等问题时，货车司机往往由于没有组织的帮助与协调，合理诉求得不到有效表达。

自从工会组织建起来后，司机师傅们的权益意识也开始提升。在“司机服务站”，港运工联会划拨办公经费，配备专职社工，为司机提供零距离服务。在“司机大讲堂”，专家学者和政府官员面对面向司机传递政策信息，倾听司机心声，了解行业难题。这一平台也成为提高司机法律意识的“培训学校”，至今共培训司机 2800 余人。一点一滴的关爱和服务，吸引了越来越多的司机主动加入工会组织。连企业代表都称赞：“加入工联会后，企业的管理水平和员工技能水平都有提升，更重要的是，工会架起员工与企业沟通的平台，减少了劳资纠纷，为企业发展创造了和谐环境，工会成了司机们温暖的‘家’。”

工会组织家属组团包冬至饺子，2000 多名公交司乘吃上“爱心水饺”

司机开着车四处流动，如何让他们有机会参与工会活动，怎样为他们提供追踪服务，工会组织一直在努力。2014 年 2 月，盐田港运工联会微信公众号正式上线，为司机提供服务，服务内容包罗万象，不但传播“司机大讲堂”“文明司机活动”的相关内容，还可以查询停车场空位、交通信息、司机补助和工会动态，等等。如今，这个公众号已经拥有 1.1 万名“粉丝”，覆盖经常进出盐田港的绝大多数货车司机。港运工联会微信公众号让货车司机真正找到了组织！

历史上，中华全国总工会在中国共产党的领导下，起着国有企业管理层和工人之间的纽带作用。随着中国的改革与发展，私营企业大量涌现，中华全国总工会的作用不断扩大，其中就包含为私营企业的劳动者服务。

毫无疑问，以货车司机为代表的职工群体，正让中国的职工队伍呈现出新的特征。中华全国总工会于 2017 年组织的第八次全国职工队伍状况调查显示，随着“80 后”“90 后”“00 后”大举加入职工群体，货车司机职工队伍的受教育程度也在大幅上涨，职工素质大幅提升。拥有专业技术职称的职工人数不断增加，高层次、高技能人才不断涌现，职工接受继续教育机会增多，学习意愿强烈，95.5% 的职工对学习新的职业技术、知识或能力有兴趣。

新的职工群体特征，需要有新的工会工作模式。目前，全国共有基层工会组织 280.9 万个，覆盖单位 655.1 万个。在新兴经济领域，职工的流动性较大，会员有来有走。工会面临的形势不断变化，意味着工会工作需要不断发展、创新。职工走到哪里，工会工作就要跟进到哪里。

新时代，工会组织正按照党提出的“以人为本”的工作要求，从打通服务职工的“最后一公里”，向“最后一厘米”进发，“有困难，找工会”已经成为工会组织向职工做出的庄严承诺。

三、制度保障美好生活

11. 养老金又涨了

这几天，浙江衢州柯城区姜家山乡富周塘村的喜鹊叫得格外欢，因为富周塘村村民赶上了大喜事，2018 年 4 月 15 日上午，在欢庆的锣鼓声中，该村 127 名符合条件的高铁新城项目涉及的失地农民喜领第一笔养老金。

“每月都有养老金，我真的很高兴！”71 岁的村民汪爱玉看着标明了 4 月份养老金数额的信封，激动得无以言表。她说，年轻的时候她就特别羡慕在城里工作的人，老了还能领养老金。现在她和城里的老人一样有了养老金，今后还能让她和城里的老人一样住带花园的楼房，真是帮她圆了多年的梦想。

老人算了一笔账：老两口之前靠种橘树和打工收入为主，一年满打满算只有 1 万元左右的收入。而如今，仅 4 月份汪爱玉就领到养老金 2290 元，加上老伴领到的 1856 元，老两口不用干活，每个月就有了 4000 多元收入。和汪奶奶一样，富周塘的其他村民再也不必担心土地被征用以后的日子怎么过了。

长久以来，土地都是农民的“命根子”。对于土地被合法征用，又没有其他经济来源的农民来说，失去了土地就意味着失去了基础的生活保障，因此只有日益完善的社会保障制度和稳定、安全、足额的养老金才能解失地农民未来之忧。

这样的事情并非特例，在陕西，同样的一幕也曾发生过。2016 年 11 月 24 日，在宝鸡市高家镇符家村广场上，211 名被征地农民悬着的心终于放了下来，他们成为陕西省首批领到城镇企业职工基本养老金的农民。他们开始享受每月最低 945 元、最高 1265 元的城镇职工基本养老保险待遇，而且，还领到了每人 900 元的取暖费补助。符家村二组的罗宝琴今年 61 岁，在缴纳了 2.9 万元后，领到了每月 945 元的养老金。她高兴地说，自己也和退休的老伴一样，拿到职工养老金了。该村 60 岁的李明霞说，土地被征用后，她家开了个小饭馆。有了养老金，她不仅老年生活有了坚实的后盾，更减轻了孩子的负担。

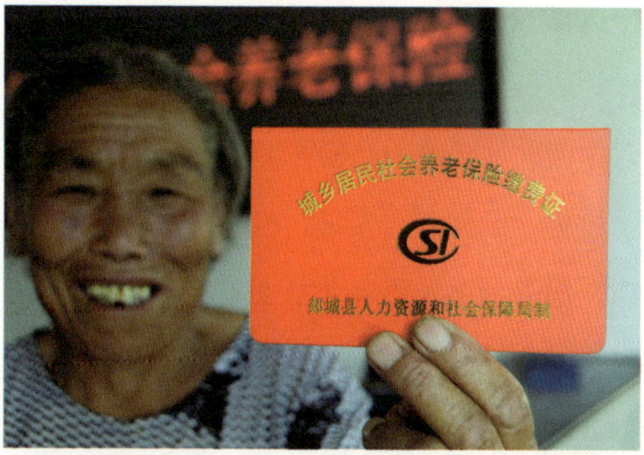

山东省临沂市郯城县马头镇人力资源和社会保障所，74 岁的林玉芳老人展示《城乡居民社会养老保险缴纳证》

更多的喜讯在中华大地传播开来，不仅失地农民得到了实实在在的“民生红包”，更多的老人也感受到了“稳稳的幸福”。人力资源和社会保障部、财政部联合下发《关于 2018 年调整退休人员基本养老金的通知》，明确从 2018 年 1 月 1 日起，为 2017 年底前已按规定办理退休手续并按月领取基本养老金的企业和机关事业单位退休人员提高基本养老金水平，总体调整水平为 2017 年退休人员月人均基本养老金的 5% 左右。此次调整是国家继 2016 年、2017 年连续两年统一调整企业和机关事业单位退休人员基本养老金以来，继续同步安排适当提高企业和机关事业单位退休人员养老金水平，是保障和改善民生水平的重要措施，进一步体现了机关事业单位和企业养老保险制度的“并轨”，体现了党中央、国务院对广大退休人员的亲切关怀。此次调整预计将有 1.14 亿名退休人员受益。2018 年 7 月，人社部发布通报：调整退休人员基本养老金标准，多数地区已经发放到位。提高全国城乡居民基本养老保险基础养老金最低标准，部分省份在此基础上进一步提高了基础养老金。

“民生红包”惠及的不仅有企业和机关事业单位退休人员，还有普通居民。2018年5月10日，经党中央、国务院批准，人力资源和社会保障部、财政部联合印发了《关于2018年提高全国城乡居民基本养老保险基础养老金最低标准的通知》，统筹考虑近年来城乡居民收入增长、物价变动和职工基本养老保险等保障标准调整情况，决定自2018年1月1日起，全国城乡居民基本养老保险基础养老金最低标准提高至每人每月88元，即在原每人每月70元的基础上增加18元。提高标准所需资金，中央财政对中西部地区给予全额补助，对东部地区给予50%的补助。

对于退休老人来说，没有什么比增长养老金能够带给他们更多的获得感，没有什么比晚年无忧更能让他们感受到实实在在的幸福。“我退休后的40年，刚好是改革开放的40年，养老金涨了75倍多！”今年95岁的刘大爷表示，他1978年6月退休时，每月拿58.5元养老金，经过养老金的30次上调，如今他每月能拿到4403.7元。正在烟台市区滨海广场跳广场舞的孙阿姨是2016年退休的，现在她每个月的养老金根本用不完。除了日常开销，她还能定期国内国外来个“夕阳游”，每年剩下的养老金还能贴补一些给子女。

过去讲“养儿防老”，如今讲“参保养老”。“我从2009年1月开始领取居民养老保险，当时一个月领取养老金282.7元。这几年居民养老保险经过个人账户连续三年提高，基础养老金逐年增长，现在一个月能领取养老金487.7元，马上就要翻番了。”烟台市福山区清洋街道包家沟村69岁的居民包敦华谈起自己的养老金，高兴得合不拢嘴，“以前总羡慕城里人老了有退休金，现在咱也一样有了！”包敦华算了笔账：过去儿女每月都要贴补老两口300元钱，按此标准到她80岁时，儿女需要贴补72000元；如果参加居民保险，她只要累计缴纳30000元，加上政府的补贴，包敦华老两口每月都能领取近500元。

截至2016年底，我国的职工基本养老保险覆盖人数已经达到3.8亿左右，其中退休人员约 0.9 亿，缴费人员约 2.9 亿。同时，居民基本养老保险覆盖人数约 5 亿，其中领取的人数约 1.5 亿，缴费的人数约 3.5 亿，我国参加基本养老保险的人数已经达到了 8.8 亿。如果按照 16 岁以上的人口有 10 亿来估计的话，我国基本养老保险覆盖率已经达到了 85% 以上。养老金 14 连涨已经不是什么稀罕事了，自 2005 年以来，我国已连续 13 年提高企业退休人员的基本养老金。

党的十九大报告指出，要加强社会保障体系建设，必须多谋民生之利、多解民生之忧，在发展中补齐民生短板、促进社会公平正义，在幼有所育、学有所教、劳有所得、病有所医、老有所养、住有所居、弱有所扶上不断取得新进展。新时代，老有所养的美好生活已走进千家万户。

风生水起逐浪高。毋庸置疑，养老保险是社会保障建设的重头戏，是满足人民日益增长的美好生活需要的关键因素，是使人民获得感、幸福感、安全感更加充实、更有保障、更可持续的必要途径。

民生无小事，枝叶总关情。“老有所养”看似事小，却关系广大人民群众的切身利益。

人间重晚晴。我们有理由相信，让每一位老人都能安心、静心、舒心地享受幸福晚年，让每一位老人老有所养是党的一句郑重的、负责任的承诺，是即将实现的“美丽中国”的民生愿景。

12. 失业并不可怕

"失业保险真是太好了，真是雪中送炭啊！"近日，前来江西省吉安市吉州区公共就业人才服务局失业保险股领取失业保险金的李女士感叹地对工作人员说。李女士曾是某银行的员工，后因故离职。银行在其在职期间为她缴纳了失业保险金，按失业保险政策规定，她能领取9个月的失业保险金，每个月950元，总共8550元。"失业期间我的生活非常困难，好在之前我缴纳了失业保险，一个月950元钱解了我的燃眉之急，保证我的基本温饱之后，我可以安心去找工作。"李女士高兴地说道。

失业保险是国家通过立法强制实施，由社会集中建立基金，向中断就业、失去工资收入的劳动者提供一定时期的物质帮助和再就业服务的制度，它是我国社会保险制度的重要组成部分，也是我国积极就业政策的有机组成部分。

我国失业保险制度起步于1950年的失业救济，初建于1986年的国有企业职工待业保险，成形于1999年颁布实施的《失业保险条例》。失业保险制度实施20多年来，参加失业保险人数不断上升，失业保险覆盖范围逐步扩大。

《2017年度人力资源和社会保障事业发展统计公报》显示，截至2017年末，全国参加失业保险人数为18784万人，领取失业保险金人数为220

万人，全年共为 458 万名失业人员发放了不同期限的失业保险金。失业保险制度有力地保障了失业人员的基本生活，对促进社会公平、维护社会和谐稳定具有重要意义。

失业保险可以保障人民的基本生活，具有兜牢、织密民生底线的作用。保障失业人员失业期间的基本生活是失业保险制度的基本功能。近年来，各地深入贯彻落实失业保险有关法律法规，多措并举，有序推进，全国失业保险金水平逐年提高，地区差距逐步缩小，有效地保障了失业人员的基本生活，为兜牢民生底线发挥了积极作用。

在西部某个小城市工作的老刘由于原单位被其他企业收购，自己因为公司业务调整被辞退。老刘缺乏职业技能，很难重新找工作，眼看着积蓄逐渐减少，生病的老伴医药费难以为继。正在焦急的时刻，老刘某天应聘回来路过街道，看见宣传栏上有失业保险相关政策的介绍，便抱着试试看的态度，进行了失业登记等必要手续。之后，老刘按照规定每月能领取 1000 多元的失业保险金，一下子保障了家庭的基本生活，他不禁长舒了口气。与此同时，他也获得了相应的就业信息和心理辅助，参加了一些职业技能培训，不久便找到了一份新工作。失业保险为处在失业困境的人们提供了最基本的生活救助，给逆境中的人们吃了一颗“定心丸”。

数据显示，2017 年末，全国失业保险金月均水平 1111 元，共为领取失业保险金人员代缴基本医疗保险费 85 亿元，共为 66 万名劳动合同期满未续订或者提前解除劳动合同的农民合同制工人支付了一次性生活补助。此外，国家还不断完善失业保险金救助政策，建立社会救助和保障标准与物价上涨挂钩联动机制。各地根据 CPI（居民消费价格指数）变化，按照规定对领取失业保险金人员发放价格临时补贴。2017 年末，共有 16 个省份和新疆生产建设兵团发放价格临时补贴 7282 万元。

失业保险可以预防失业，为企业的平稳发展助力护航。在当前经济下行压力加大、企业转型升级加快、产业结构不断调整的经济形势下，失业保险制度发挥了防失业、稳就业的积极作用。我国于 2014 年底推出失业保险稳岗补贴政策，对在兼并重组、化解产能过剩、淘汰落后产能中采取措施稳定职工队伍的企业，由失业保险基金给予稳岗补贴，激励企业承担稳定就业的社会责任。

2017 年 4 月，国务院进一步印发相关意见，鼓励去产能企业多渠道分流安置职工，支持企业尽最大努力挖掘内部安置潜力，对不裁员或少裁员的企业，降低稳岗补贴门槛，提高稳岗补贴标准。人社部又于 2018 年至 2020 年在全国实施失业保险援企稳岗“护航行动”，致力于实现符合条件的地方全覆盖和符合申领条件的企业全覆盖，为企业脱困发展、减少失业和稳定就业护航。

中车齐齐哈尔车辆有限公司是稳岗政策受益最大的单位之一。近年来，受国内外经济环境的影响，中车齐车公司货车市场呈断崖式下滑，产品订单大幅减少，生产经营出现了困难。该公司人力资源部党支部书记石宏斌说：“在企业生产经营处于‘寒冬期’的危急时刻，稳岗补贴政策对于企业缓解生产经营压力和稳定职工队伍起到了关键作用。三年来，公司共享受稳岗补贴 1300 余万元，大大缓解了企业正常生产经营所面临的资金压力。”稳岗补贴不仅实在，而且“有温度”。该补贴主要用于企业职工生活补助、缴纳社会保险费、转岗培训、技能提升培训等相关支出，充分保障了职工的基本权益。截至 2017 年末，全年共向 45 万户参保企业发放稳岗补贴 198 亿元，惠及职工 5192 万人。稳岗补贴政策已经成为让企业、职工实实在在受益，

防失业、稳就业的一枚“定海神针”。

失业保险可以促进就业，支持提升职工职业技能和扶持创业。除了保生活、防失业之外，失业保险制度不断提升制度功能，在促进就业创业方面作用显著。

一方面，失业保险支持提升职工职业技能，从长远上为促进就业提供保障。为落实中央关于开展职业技能培训、解决结构性就业矛盾的要求，从根本上减少失业、稳定就业，同时也配合国家人才强国战略的实施，为振兴实体经济和制造业发展提供人力资源支撑，国家 2017 年推出失业保险提升职业技能相关的补贴政策，激励参保职工提升职业技能，提高就业竞争力，增强就业稳定性，缓解就业结构性矛盾，降低失业风险。2018 年人社部专门在全国实施失业保险支持技能提升“展翅行动”，更加积极地发挥失业保险防失业促就业功能作用，激励和引导广大参保职工提高职业技能，增强就业稳定性，从源头上减少失业，助力维护就业局势稳定，助力建设一支知识型、技能型、创新型劳动者大军，为经济社会发展提供有力人才支撑。截至 2017 年末，全国共向 11 万参保职工发放技能提升补贴 3 亿元。

另一方面，失业保险制度在扶持创业、助推脱贫攻坚方面提供了制度支持和保障。

陈建辉原是河南省漯河市临颍县电影公司职工，2016 年 4 月因公司破产享受失业保险待遇。2017 年 6 月，他创办了漯河寰基健康咨询有限公司。为支持陈建辉发展公司，漯河市失业保险经办机构工作人员根据河南省失业保险扶贫工作有关政策，使用失业保险基金向陈建辉发放了 5000 元的一次性创业补贴，并一次性给他发放了剩余期限的失业保险金，一定程度上缓解了他创业资金不足的问题。目前，陈建辉的公司与 20 多家大中型医院签订了合作协议。公司目前拥有 46 名员工，其中吸纳城镇低保家庭劳动力 2 人、农村低保家庭劳动力 1 人、贫困家庭大学毕业生 1 人、残疾人 1 人。

我国失业保险的功能从最初的以保生活为主、兼顾促就业发展到保生活、防失业、促就业三项功能均衡发力、相得益彰，形成了保生活是基础、防失业是重点、促就业是目标的功能格局，具有中国特色、积极的失业保险制度模式初步形成。虽然当前我国失业保险制度还面临着覆盖范围偏窄、缴费水平偏高、失业保险基金支出范围偏窄、办理程序复杂等问题，但国家失业保险政策在不断完善，如浙江东阳等地逐步开始统一城乡失业保险制度，广西南宁推出“刷脸”领失业保险金等。未来，失业保险制度将更加符合经济社会发展的要求，更加符合人民群众对美好生活的期盼。

13.“银发族”的幸福生活

唐代刘禹锡曾作《酬乐天咏老见示》，诗中有“莫道桑榆晚，为霞尚满天”，意思是不要为年纪大而颓放，其实还有很多发挥余热、大可作为的时光。

家住北京市海淀区幸福里小区的李顺尧老先生正举着放大镜，细细查看布满标记的旅游地图，长沙、昆明、成都、厦门……点缀在这些城市上方的五角星就像他留下的“足印”。这张退休生活的旅游“成绩单”，晒出的是新时代“银发族”的幸福晚年。

老年，是人生的重要阶段，是仍然可以有作为、有进步、有高峰的重要阶段。台湾某银行有一则广告《梦骑士》，是由真实事件改编的，讲述的是 5 个平均年龄 81 岁的老人，他们花费 6 个月时间准备，用 13 天时间完成了人生最后一次环岛骑行的故事。他们有的身患癌症，有的重听，3 位有心脏病，每一位都有退化性关节炎，面对昔日好友、身边爱人的离世，他们决定骑上自己的摩托车，带上自己的好友、爱人的心愿，踏上最后一次环岛之旅。这一切都让我们看到了老年人精神焕发、为了理想奋力拼搏的一面。

如今，中国已经进入“银发社会”，这是我国人口结构发展转变的必然结果和正常的社会现象。根据全国老龄办公示的数据，截至 2016 年底，全国 60 岁及以上的老年人口已经达到 2.3 亿。根据预测，到 2050 年，中国 65 岁以上老年人将达到 4.83 亿，占总人口的 34.1%。这也意味着，在新时代，为数亿“银发族”提供良好的公共服务，满足他们的美好生活需要，实现老有所养、老有所乐，是应对新时代社会主要矛盾的主要任务，也是建设社会主义现代化强国、让人民共享改革发展成果的重要组成部分。

党和国家对“银发族”的美好生活给予了高度关注。党的十九大报告指出，我们要“构建养老、孝老、敬老政策体系和社会环境，推进医养结合，加快老龄事业和产业发展”，健全“老年人关爱服务体系”，“完善城镇职工基本养老保险和城乡居民基本养老保险制度，尽快实现养老保险全国统筹”。作为未来五年甚至更长时间的老龄事业路线图，十九大为老有所养、老有所依、老有所乐、老有所安指明了方向。

根据相关规划，到 2020 年，国家基本形成覆盖全生命周期的智慧健康养老产业体系，建立 100 个以上智慧健康养老应用示范基地，培育 100 家以上具有示范引领作用的行业领军企业，打造一批智慧健康养老服务品牌。同时要开发面向老年人的健康管理类智能可穿戴设备。

进入新时代，越来越多的“银发族”选择旅游出行，也有一些老年人走进老年大学课堂、参与跳广场舞、使用互联网等，他们充分利用退休后的富余时间，精心编织对新时期美好生活的向往，让艳丽的夕阳时光不仅多姿多彩，而且尽情绽放幸福的光华。

让每一位老人都能老有所养、老有所医、老有所乐、老有所为，这个愿景如今已逐渐成为现实。城镇职工基本养老保险和城乡居民基本养老保险制度覆盖已经超过 9 亿人，覆盖率超过 90%，党的十九大更进一步要求“全面实施全民参保计划”，世界上最大的养老保障安全网已梁稳柱立；养老金的数额与年俱增，养老保险制度并轨改革不断深化；新修订的《老年人权益保障法》更加关注老年人的心理需求，“儿女常回家看看”写进法律；“独生子女护理假”已经从立法走向实践；居家养老成为选择人数最多的养老模式……新时代，“银发族”的生活越来越幸福，中国养老事业呈现出养老保障更多、养老服务更全、老年群体焦虑更少的特点。正因为这些长足的进步，才让我们有信心迎接更深层次的老龄化社会的到来。

在重庆市沙坪坝区新开张的万年青养老院里，80 岁的王红梅老人对于“养中有医”最有发言权。这家集养医结合、养老托老于一体的综合性民办福利养老院是她幸福晚年的“基地”。王红梅到养老院才一个多月，很快适应了这里的生活，她说：“孩子们工作忙，也不在家，我身体不太好，经常生病，严重影响孩子们的正常生活。现在好了，这里养老、医疗一条龙服务，不仅解决了我养老的问题，也解决了孩子们的后顾之忧。”

居家养老服务中心的“90 后”养老护理工在为老人服务

以万年青养老院为代表的医养联合体的建设，来自国家的好政策。民政部、原国家卫计委、全国老龄办等多部委联合下发通知，明确提出到 2017 年底，50% 以上的养老院能够以不同形式为入住老年人提供医疗卫生服务。

此外，对于选择居家养老的老年人，政府推行“医中有养”，要求各地以基本公共卫生服务、家庭医生签约服务为抓手，推动医养结合服务进社区、进家庭。目前，家庭医生签约服务让众多老年人拥有了“健康守门人”，家庭医生签约服务已经覆盖 4.3 亿人。“现在，像我们社区医院这样的基层医疗机构，都会为 65 岁以上老年人免费体检，并实行健康管理。”万年青养老院所在社区医院院长说道。

对于中国的“银发族”来说，创新型居家养老和社区养老模式具有两大优势：一是符合中华传统的养老观念，长者无须入住养老机构，既能拥有子女的陪伴，满足子女的孝心，又能参与邻里及社区组织的社交活动；二是能创造新的晚年生活方式，可以享受社区越来越全面的宜老服务和配套基础设施。在新时代，居家养老和社区养老成为主流，大约90%的老年人选择居家养老和社区养老。2018年4月，我国正式启动第一批中央财政支持的居家和社区养老服务改革试点，目前，全覆盖、多层次、多支撑、多主体的社区居家养老服务格局已基本形成。

“自打孙子上了中学以后，我和老伴的空余时间一下子就多了起来，孩子们平时都要上班，挺孤独的，听说咱们社区有了居家养老服务中心以后，我和老伴没事就开着电动小汽车过来。”在云南省昆明市新时代社区居家养老服务中心接受服务的刘阿姨说，没想到社区养老中心门店虽小，服务却这么周全。服务中心构建了“10分钟养老服务圈”，并经常组织健康咨询、义诊体检、日常照护、文娱活动等一系列公益活动，让社区居民的晚年生活健康而精彩。

“能在家门口养老真是一件幸福的事情哩，这就是老有所居、老有所乐、老有所养。”刘阿姨正和几位老友在服务中心宽敞的庭院里喝着茶，悠闲地聊着天，她那写满岁月故事的脸上露出了幸福的笑容。

21世纪是信息的时代，借助互联网技术，养老服务业也在不断转型升级。推进“互联网＋养老服务创新”就是运用信息技术手段，为老年人提供智慧健康养老服务。

很多老年人已经开始全面融入互联网，有了新的生活体验，社交、养老等理念已发生诸多积极转变。中国社会科学院发布的《社交网络与赋能研究报告》显示，老年人已经成为社交媒体的主要使用群体之一，在上网的老年人中，超过八成人安装有微信，超过半数的老年人会使用视频聊天、微信群、朋友圈、发红包等功能。可见，互联网尤其是微信的使用，缓解了退休老人的孤独感，让他们拥有了自己的“朋友圈”，使家人联系更加紧密，赋予了老年人社交、社会参与等更多机会和能力，促使老年人群体的心态更加趋向积极和正能量。

但“互联网＋养老”的模式绝不止于此，南京中心城区的鼓楼区已经全面开启“养老服务＋互联网”时代，大力推进“养老掌上云”服务平台建设，为缓解养老服务供需矛盾、提升养老服务水平提供了新方案。鼓楼区通过平台共享，帮助爱心企业和社会组织达成合作，依托北斗导航定位系统，为有走失风险的失智、半失智老人配发含有个人身份信息的“定位黄手环”和可熨烫在衣物上的二维码定位贴，通过扫描二维码即可知晓走失老人基本信息，帮助其联系家人。

化着淡淡的妆容，身着素雅的旗袍，在轻柔的音乐声中，迈着优雅的步伐……在天津市老年大学“欢度重阳节”的晚会活动现场，一群“银发模特”一出场就赢得热烈掌声。她们是一群爱舞蹈、爱时尚的老年大学生，虽满头银发，却神采奕奕。“生活在如此幸福的新时代，感受着社会给予老年人的温暖关爱，还有老年大学这个平台，我们表演、展示的正是当今老年人的精神状态和喜悦心情。”这些“潮奶奶”就是新时代中国老年人的代表，她们快乐、自信。

到老年大学学习，参加各种各样的实践活动，体现的是老年群体对“文化养老”的极大需求。随着中国进入老龄社会，用丰富多彩的精神文化丰富老年生活的人越来越多。因此，弘扬中国传统孝文化，健全关爱老年人的服务体系，将包括“养亲”“敬亲”等“善养”文化作为社区精神文明建设与考核的重要内容，是新时期关于老年人对美好生活需要的正确回应。

“银发族”曾经是社会栋梁，是我们当下幸福生活的构建者，他们晚年过得是否满意，是新时代美好生活的重要指标之一。弘扬中国传统孝文化，健全关爱老年人的服务体系，也是我们当下的重要任务。

14. 看病报销到哪里都行

李克强总理在 2018 年政府工作报告中提出，在全国推进医保信息联网，实现异地就医住院费用直接结算。据人力资源和社会保障部介绍，国家异地就医结算系统 2016 年底已上线试运行，在试运行过程中，已有 15 个省份接入该系统开始试点。老百姓无论在哪里看病，今后都能进行异地结算。

为方便就医群众，百度地图上线了一项新功能，只要搜索“医保异地结算”，就可以随时随地查看附近支持跨省异地就医直接结算的医院。通过这个地图，不仅可以筛选就医的医院，还可以一键导航到目的地。

在日常生活中，人们免不了和医院打交道。2016 年，我国将城镇居民医保和新农合进行整合，城乡居民基本医保人均财政补助标准为 420 元，2017 年提高到 450 元。为了便民利民，政府在逐渐完善医保制度的过程中，推出了医保异地直接结算这项重点惠民政策。

在天津胸科医院，刚做完冠状动脉移植术的患者张文海病情稳定。张文海是河北省石家庄市的一名退休干部，退休后在天津定居。2017 年 8 月，张文海因冠心病伴有高血压、糖尿病，被紧急送到天津胸科医院做了手术。异地结算时，从办理、上传到刷卡结算完成只用了半小时。

在广东省人民医院，黄永坤做完了治疗心律失常的射频消融术，手术顺利。由于该手术的成功率低，她的女儿江女士特意把母亲从四川接到广东，带母亲到更为权威的广东省人民医院进行手术。江女士不到两天就办理好了异地结算的备案手续。当地医院开出转诊证明后，由父亲拿到四川当地的医保部门，她在广东这边凭着母亲的社保卡，就办理好了备案选点手续，全程不用母亲跑回四川，也不用邮寄转诊证明。

异地就医直接结算的推进，首先从实现省内异地就医的直接结算开始。2016 年我国已有 30 个省份实现了省内异地就医持卡结算。2017 年，新农合参合人员省内异地就医即时结报医药费用的目标也已经实现。医疗保险省内异地结算已全面实现。

2018 年，漳州市实现全省异地医保“一站式”结算。贫困人口在全省范围内就医，只需通过社保卡，在出院时支付自付医疗费用即完成报销。在各定点医疗机构，医院会通过社保卡完成对患者的身份识别，并对其住院费用进行分层报销，不再需要个人垫付资金和到多个部门申请报销，大大减轻了贫困人员的医疗费用负担。

跨省异地就医直接结算是一项庞大复杂的系统工程，涉及全国多地区、多系统的对接，涉及人员、业务、资金等多个方面的联系，涉及参保地、就医地和国家三方面各级经办机构之间能否及时沟通协调。工作量大，任务庞杂，每个环节都会影响全国跨省医保直接结算的推进速度与实施效果。

2018 年是我国异地就医结算的落地年，也是医改的重要发力点。全国联网和跨省异地就医结算工作进展顺利，全国超八成的三级定点医疗机构已连接入网。参保人员在备案登记后只需手持社保卡，便可轻松实现跨省异地就医直接结算。

人力资源和社会保障部公布的数据显示，目前在国家异地就医结算平台上备案的人员超过 210 万人，近 9000 家医疗机构并入联网，为广大参保人员提供服务。每天在平台上实现直接结算的超过 1600 多人次，参保者每次住院少垫资 1.6 万元。

作为大型公立医院，同时也是全国疑难重症诊疗中心的北京协和医院，外地患者比例大，在住院患者中，京外医保和新农合占比高达60%左右。为尽早实现医保异地结算，使患者受益，自项目启动以来，由院长赵玉沛亲自挂帅，组建医务处、财务处等多部门共同参与的专项小组，搭建好异地医保和新农合两个国家系统平台。

2017年8月1日，一名来自西藏那曲地区的19岁女性患者在北京协和医院享受了新农合跨省就医联网结算服务，成为西藏自治区在全国首例实现跨省就医联网结算的患者。其就医费用总额8.4万余元，按照就医地报销范围、参合地报销比例计算，实际报销费用5.4万余元，补偿比例近65%。自2017年4月15日出院结算第一例异地医保直接结算以来，至2018年8月底，北京协和医院共办理外地患者直接结算17659人次，实现了全国覆盖。

为了让更多的外地患者早日享受到直接结算的便利，北京协和医院全方位优化工作流程，主动向患者介绍政策，及时建立转诊信息，促成患者符合实时结算条件。同时，医院还注重实地宣传，在醒目位置摆放宣传展板展架，在全院播放宣传视频。所有做法只有一个目的，就是为老百姓做好服务。

异地就医直接结算目前主要针对四类人群：异地安置退休人员、异地长期居住人员、常驻异地工作人员与异地转诊人员。

异地安置退休人员，也就是退休后在异地定居并迁入户籍的人员。比如回原籍居住的退休知青，退休前在工作地参保，现在退休回原籍居住了。异地长期居住人员，指在异地居住生活且符合参保地规定的人员。比如到北京随子女居住，帮助带孩子的老年人。常驻异地工作人员则是指用人单位派驻异地工作且符合参保地规定的人员。异地转诊人员则是指符合参保地转诊规定的人员。如因当地医疗机构诊断不了，或者可以诊断但因治疗水平有限需要到外省就医的患者。

外出农民工、外来创业就业人员也将进入异地就医结算系统，同样可以办理异地急诊备案。根据各地工作管理的范围和服务能力，政府也将不断扩大受益群体的范围，努力实现参保人员的全覆盖。

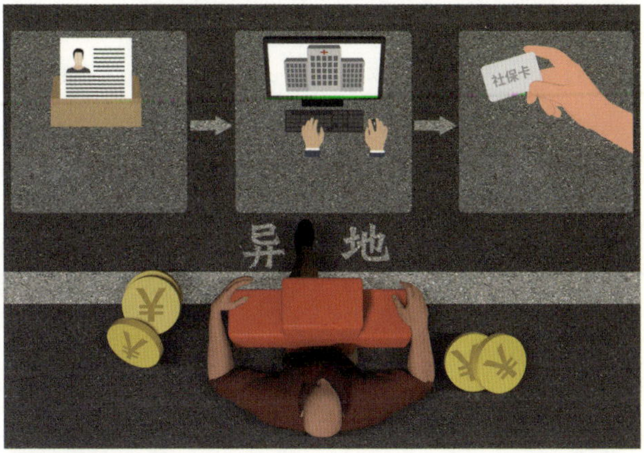

异地就医直接结算

为了让信息多跑路、群众少跑腿，跨省异地就医直接结算的绝大部分环节和流程不需老百姓亲自办理，只需通过国家结算系统和国家各级经办机构之间后台来操作即可完成。过去异地医保报销时面临的周期长、垫付压力大、往返奔波累等问题，现在通过异地直接结算都能得到解决，这项政策给老百姓带来了真正的福利：省心、省时、省力、省钱。

跨省异地就医直接结算，意味着医保基金支付部分将由地方医保部门直接转给就医地医保部门。在医保资金结算方面，每个省采取不同的清算方式。以湖南为例，湖南省会在每年年初向外省拨付预付金，再逐月清算。各市州于每年 2 月底前统一完成预付金的划拨上解工作，方可开展本年度异地就医直接结算业务。预付金为异地结算提供了充足的资金周转空间，当预付金使用率达到九成时，便会启动预付金紧急调增流程。

此外，湖南建立了城乡居民医保异地就医省级预付金归集办法。换言之，就是将城乡居民医保中的财政拨款部分，作为省级预付金，统一预留归集到省级财政专户。这些改革创新确保了资金能够及时、足额归集到位。

当然，跨省异地就医并不意味着医保全国漫游，也并非无序就医。国家在深化医药卫生体制改革的时候，明确提出要强基层，推进分级诊疗制度的建设，鼓励群众就近就医。

在现阶段，由于我国不同地区的医疗卫生资源配置不均衡，好的医疗资源往往都集中在大城市、中心城市。要从根本上解决异地就医的问题，还是要加快医疗卫生服务体系改革，促进卫生资源合理配置，建立健全分级诊疗制度，使大多数群众能够就近享受到方便、快捷、高效的医疗服务。

没有全民健康，就没有全面小康。20 年的医保改革取得了丰厚的成就，也积累了充足的经验，为新时代开启中国医保改革新征程打下了坚实的基础。随着改革进入深水区，医疗保险制度的普及和推广也会让越来越多的老百姓享受到改革和发展的成果。

15. 一方有难，八方支援

一人有难，众人相帮；一方有难，八方支援。这是中华民族的传统美德。每当有灾有难时，中华民族的血脉更加紧紧相连，13 亿兄弟姐妹紧紧相依，地不分东西南北，人不论省份民族，情不问亲疏贫富，危急关头，患难与共，每个人都以各自的行动去帮助、支援有难的同胞。

我国是一个自然灾害频发的国家。由于幅员辽阔，我国面临的自然灾害的种类也十分多样。地震、台风、洪涝、干旱、冰冻、虫灾，这些自然灾害对我们的人身和财产安全造成巨大的威胁和损失，对我国人民的生活质量提出了巨大挑战。我国是社会主义国家，制度的优越性体现在我国政府能够集中力量办大事，一旦灾难发生，政府能够迅速集中力量，为遭受灾难的人民提供生活保障。为做好灾民的救助工作，我国政府建立了针对突发性自然灾害的社会救助制度，在保障民生方面极大地发挥了作用。同时，企业、社会机构和民众也都发扬“一方有难，八方支援”的大爱精神，为受难灾民奉献爱心。

2018 年，汶川大地震过去了 10 年。10 年前的 5 月 12 日，汶川发生了 8.0 级特大地震，地震烈度达到 11 度，地震破坏严重地区超过 10 万平方公里。当时的灾情统计显示，极重灾区共 10 个县（市），较重灾区共 41 个县（市），一般灾区共 186 个县（市）。汶川地震造成极大的人员伤亡，是中华人民共和国成立以来破坏力最大的地震，也是唐山大地震后伤亡最严重的一次地震。

汶川大地震发生后，我国军队迅速做出反应，开展有效组织，一场世界范围内尚无先例的大规模非战争的军事行动在灾区全面展开，十几万大军从全国各地几千公里的半径内迅速开赴灾区。

解放军和武警部队共紧急出动 16 万官兵参与四川抗震救灾，涉及地域之广、动用力量之多、投入速度之快，都创下了我军抗灾历史纪录。2008 年 5 月 12 日至 15 日，3 天时间，十余万部队，从数千公里以外投送到灾区；800 万吨物资，通过公路、铁路和航空，运往灾区。汶川地震后的 40 小时内，中国的铁路部门开行军运列车 25 列，运送抢险部队 1.5 万人；到达成都灾区的抗震救灾专用物资 416 个车皮。这充分反映了我国政府在抢险救灾方面的应急能力。

在汶川救灾中，同胞守望相助，彰显了人间大爱。

汶川大地震发生后，在都江堰救援现场，时任南宁市消防支队特勤大队一班班长的黄胜新一次次冒着生命危险，独自一人爬进随时坍塌的废墟救人。

5 月 14 日下午，在都江堰市西川街废墟上，哭喊了两天两夜的李大姐终于绝望了，以为弟弟无法生还，她叫来了挖土机想把弟弟的遗体挖出来。就在这个时候，黄胜新用生命探测仪探测发现，这栋 6 层坍塌楼房的下面有生命迹象。他立刻大喊:“有人！”

先后经过 20 多次“倒挂金钩”作业，他们清理出数百公斤的碎石和钢筋。两个小时后，当黄胜新和战友们把人救出来的一瞬间，被救者的家人一下子跪了下来，围观群众情不自禁地鼓起了掌。黄胜新说 :“这是我有生以来听到的最难忘的掌声！”

汶川地震牵动社会各界的心，各界纷纷解囊相助，用爱心向灾区人民伸出援助之手。地震发生后 3 天内，全国共接收国内外社会各界捐赠款物 89.45 亿元人民币，其中接受国内捐助款物 49.05 亿元人民币，中国红十字会总会及地方各级红十字会接收来自境内外捐赠的款物达 18.3 亿元人民币。中国红十字会向地震灾区派出 2 支工作组、31 支紧急救援队和救护志愿服务队。香港特别行政区红十字会、澳门特别行政区红十字会也在第一时间派出救灾代表赶赴灾区，并提供了价值 1388 万元人民币的救助款物。台湾红十字组织不仅向灾区提供了价值 42.69 万美元的款物，还于 5 月 16 日派出红十字搜救队参与绵阳现场的救助。

在抗震救灾中，很多默默无闻的志愿者在灾区做了大量、长期的工作，他们帮助受灾同胞进行心理干预、照顾妇女儿童需求、参与灾后重建，表现出极大的工作热情。

当年 12355 灾区青少年心理康复援助专家南宁志愿团，在四川绵阳市积极配合当地开展心理援助工作，共进行个案干预 165 例，团体辅导 121 人，走访了 56 个受灾家庭，开展团体辅导 4 次、培训 3 次，并向灾区群众捐赠总价值约 1.7 万元人民币的帐篷、睡袋、药品及现金等。

南宁二中教师谭绩行是国家心理咨询师，当年他作为一名志愿者全程参与灾民心理援助工作。“失去亲人的伤痕是难以磨平的，有的孩子尽管年纪很小，但是并不代表他们没有这方面的意识。”谭绩行说，为了让孩子们走出阴霾，他每天都进行绘画辅导。

心理援助是一个长期的过程，为了真正让孩子们走出阴影，谭绩行和同行的志愿者们临走前留下了电话号码，只要孩子有需要，都可以通过电话向他们倾诉心声。

在扶危救难中，我国的社会保障制度发挥了巨大作用。为了做好灾民的救助工作，我国建立了针对突发性自然灾害的社会救助制度，在社会保险、社会救助、社会求助、社会福利和社会优抚等方面为灾民提供了坚实的保障。我国各级政府每年都在财政预算中安排救灾支出，用于安置和救济灾民。1996 年至 2001 年，全国各级财政救灾支出达到 212.6 亿元人民币，向 3.9 亿人次的灾民提供粮食、衣被等救助。我国的灾害救助制度有力地保障了灾区人民的基本生活。2010 年 7 月 8 日颁布的《自然灾害救

纪念汶川地震——在废墟中站立，在坚强中跨越

助条例》，更加有效地规范了自然灾害救助工作，能更好地保障受灾人员的基本生活。2014 年 2 月 21 日，国家又根据宪法制定了《社会救助暂行办法》，在保障人民的基本生活、促进社会公平、维护社会和谐稳定方面起到了很大的提升作用。

抵御突如其来的自然灾害，是对一个国家和民族最直接、最全面、最严酷的考验，既需要资金、物质和技术基础，更需要一个有效发挥政府、社会和个人各自优势的体制机制。

我国社会主义有着强大的制度优势，保证了我们的党和政府具有强大的组织能力和动员能力，在社会救助方面能够充分利用与调动各种因素与资源，集中力量完成任务，保障效率。党的十九大报告提出，加强社会保障体系建设，按照兜底线、织密网、建机制的要求，全面建成覆盖全民、城乡统筹、权责清晰、保障适度、可持续的多层次社会保障体系。这就为“一方有难，八方支援”在制度上提供了保障。

党的十八大以来，我国的综合国力不断增强。进入新时代，我国的社会救助制度将不断完善，救助效率将不断提高，人民的安全生活将更有保障。

国强民富，使得我国能够第一时间实现人力、物力、财力的最大规模集结，为社会救助提供了坚实物质保障。

国强民富，使得我国抵御和战胜各种风险的物质和技术基础大大增强，为社会救助提供了有力技术支持。

国强民富，也使得我国的民间力量空前强大，与政府一道筑起了社会救助的坚强后盾。

伟大的中华民族在一次又一次的巨大灾难中锻造出百折不挠、英勇顽强、互助友爱的民族精神，历经磨难而长存，饱经痛苦而昌盛。尽管伴随着痛苦和泪水，尽管伴随着牺牲和悲痛，但中华民族昂首挺胸，一往无前！

四、脱贫走向美好生活

16. 携手迈入全面小康社会

《诗经》有云：“民亦劳止，汔可小康，惠此中国，以绥四方。”其意是说，老百姓辛苦地劳作，最大的希望就是过上小康生活。几千年来“小康”与“大同”一样，一直是人们追寻的理想社会模式，为了“小康”与“大同”，人们一直在奋斗。

新中国建立以来，中国共产党带领中国人民，探寻出一条中国特色社会主义小康社会的道路，建设幸福美好的社会主义国家。20 世纪 70 年代末 80 年代初，邓小平在规划中国经济社会发展蓝图时，提出了建设“小康社会”的战略构想。随着中国特色社会主义建设事业不断深入，“小康社会”的内涵和意义得到丰富和发展。党的十八大明确提出，在 20 世纪末基本实现小康的情况下，2020 年全面建成小康社会。

2015 年 11 月 27 日，习近平总书记在中央扶贫开发工作会议上强调：脱贫攻坚战的冲锋号已经吹响，我们要立下愚公移山志，咬定目标、苦干实干，坚决打赢脱贫攻坚战，确保到 2020 年所有贫困地区和贫困人口一道迈入全面小康社会。

“小康路上一个都不能掉队！”让贫困人口和贫困地区同全国一道进入全面小康社会，是我们党的庄严承诺。为了兑现这个承诺，党的十八大以来，在以习近平同志为核心的党中央的坚强领导下，一场前所未有的脱贫攻坚战在全国范围全面打响。

贫困人口脱贫，贫困群众的生活，是习近平总书记最牵挂的大事。从太行山脚下到大别山区，从陇中定西到吕梁深处……习近平总书记既挂帅又出征，走遍全国 14 个集中连片特困地区，多次召开跨省区脱贫攻坚座谈会，以非凡的意志和智慧指挥、推动这场反贫困大决战。

2013 年 2 月，陇原大地已入隆冬，寒风呼啸，但一个人的到来，让这片天寒地冻的地方变得格外温暖，这个人就是履新不久的习近平总书记。他入户同乡亲们唠家常，询问粮食够不够吃，低保有没有保证，看病有没有保障，孩子有没有学上，年货有没有备好……

不久，冬天还未走，脱贫的春风就吹到了陇原大地。致富无路，那就修路；脱贫无门，那就建门。总之，想方设法也要让这片赤贫之地的每一个人都能够走向小康。

新年刚过，张志勤便忙得不可开交。除了家里的地，他还要饲养新买的 3 头牛和 5 只羊。通过村级互助资金协会的担保，张志勤第一次从银行贷款 5 万元，实现了“养殖梦”。虽然还没摘掉贫困户的“帽子”，但张志勤家的生活正在一天天好起来。

“以前土坯房四周裂缝，下大雨时那个心慌啊，担心房子会塌掉。”张志勤说起之前住的房子心里不是滋味，那个破破烂烂的房子一住就是十几年，虽然家人不说，但是他总觉得对不住他们。幸运的是，他赶上了好政策，政府给了他危房补贴，算是给他们家建了新房子，实现了他的“新家梦”。有了避风的港湾，前行才更有动力。

走进他的新家，“锁子厅”亮亮堂堂，自来水通到了灶台旁，再也不要去山沟里挑水喝。一家人围坐在餐桌前，荤素搭配，三菜一汤。从前，这样的生活只在过年时才有，如今都成了日常。张志勤那黑黝黝的脸上，笑容就没有停过，一家人乐呵呵守着中央电视台的《新闻联播》，他们都想多在电视里看看那个挂念着他们的人。

村里的水泥路修到家门前。以前村里像样的主路都没有一条，现在出门就是硬化路，路边还安上了路灯，婆婆姥姥吃完晚饭也能出去“遛遛弯”，到新修的休闲文化坪上，看小孩玩健身器材，看村民们跳广场舞。

小康社会的标准确切地体现在与人民生活息息相关的事情上。一是人均国内生产总值超过3000美元，这是全面建成小康社会的根本标志。二是城镇居民人均可支配收入1.8万元。三是农村居民家庭人均纯收入8000元。四是城镇人均住房建筑面积30平方米……

脱贫致富的春风吹遍全国，因地制宜的脱贫方法正在一个个贫困地区落地生根。

在山东菏泽，1200余户贫困户的4000余亩土地已全部纳入牡丹种植基地，1100余名贫困群众在基地务工，每年土地租金和务工收入人均近5000元。

在云南昭通，建档立卡贫困人口超过111万，党支部、合作社、企业、贫困户协同发展的模式，正在让这里焕发新的生机与活力。

在贵州遵义，异地搬迁扶贫行动正在按照“量身定制”的原则，让农村贫困群众在中心集镇、工业园区、旅游景区自主安家，顺心谋划致富路。

在湖南邵阳、江西井冈山、河南兰考、湖北丹江口……越来越多的地方为贫困事项设定时间表、留出缓冲期、实行严格评估、实行逐户销号……对标党中央提出的具体要求，全国各地正在用“绣花”的功夫把扶贫工作做实做细。

在新疆、在内蒙古、在宁夏、在广西，在每一个少数民族聚居地，脱贫攻坚的政策一个也不能少，全面小康是每个民族、每个中国人共同追求的社会模式，也是每个民族、每个中国人共同建设的幸福社会！

贫困问题，是中国全面建成小康社会的“拦路虎”。习近平总书记提出“扶贫先扶志”“扶贫必扶智”“精准扶贫”等方略。甘肃省专门出台教育精准扶贫专项规划，立足长远拔穷根，建立起了包括藏区、革命老区、贫困地区等在内的“9+1”教育扶贫体系，即学前教育、义务教育、普通高中教育、职业教育、乡村教师队伍等 9 个专项支持计划和《支持革命老区教育跨越式发展行动计划》，促进贫困家庭在根本上脱贫致富，阻断贫困代际传递。

河北石家庄行唐县口头镇东沟村，光伏发电助力农村脱贫致富

从强调“小康不小康，关键看老乡”，到提出精准扶贫、精准脱贫基本方略；从加大东西部扶贫协作和对口支援力度，到谋划攻克深度贫困堡垒……习近平总书记身体力行，进行战略谋划，注入实践动力，为打好脱贫攻坚战提供了思想和行动指南，汇聚起全党全社会的强大合力。

从现在到 2020 年，是全面建成小康社会的决胜期，最艰巨的任务依然是脱贫攻坚。现有贫困大都是贫中之贫、困中之困，脱贫攻坚越往后成本越高、难度越大，难啃的硬骨头会越来越多。

唯其艰难，才更显勇毅；唯其笃行，才弥足珍贵。进入新时代，党的十九大发出了精准脱贫攻坚战的总攻令。在第十九届中共中央政治局常委同中外记者见面会上，习近平总书记再次庄严承诺——全面建成小康社会，一个不能少；共同富裕路上，一个不能掉队。责重山岳，时不我待。唯有迎难而上、一鼓作气，举全党全国之力，撸起袖子加油干，落实好精准扶贫、精准脱贫，才能做到脱真贫、真脱贫，使全面建成小康社会得到人民认可、经得起历史检验，为实现第一个百年奋斗目标奠定坚实基础。

历史会记住这个奇迹：2013 年至 2016 年，农村贫困人口每年都减少 1000 多万人，累计脱贫 5564 万人，相当于一个中等国家的人口总量。

2017 年至 2019 年，还有 4335 万人在陆续脱贫。

2017 年 11 月，26 个贫困县顺利通过国家专项评估检查，由省级人民政府陆续批准退出贫困县。这是脱贫攻坚以来，贫困县首次集中脱贫摘帽。这是一个新的开始。在新时代砥砺前行的步伐中，脱贫攻坚的中国故事正在续写新篇章，全面建成小康社会的美好未来正阔步向我们走来。2020 年，我们必将一同携手迈入全面小康社会，迈向更幸福的美好明天。

17. 精准脱贫是一门“艺术”

习近平总书记在十九大报告中回顾过去5年以来的工作时指出，脱贫攻坚战取得决定性进展，6000多万贫困人口稳定脱贫，贫困发生率从10.2%下降到4%以下。中国共产党创新提出的精准扶贫政策，以每年减贫1300万人以上的成就，书写了人类反贫困斗争史上“最伟大的故事”，赢得了国际社会的高度赞誉。

小康路上一个都不能掉队。当代中国共产党人做出的庄严承诺、付出的切实行动，令世界惊叹。

巴基斯坦参议员、巴议会中巴经济走廊委员会主席穆沙希德·侯赛因在接受采访时说，为了实现脱贫，中国共产党的干部会深入贫困人口家中，实地调查他们的需求，并据此制定针对性扶贫脱贫方案。他认为，中国政府出台的精准扶贫方略将继续成为未来中国脱贫事业最关键的举措之一。

南非人类科学研究委员会研究员亚兹妮·艾波尔认为，精准扶贫是一门“艺术”，而中国精通这门“艺术”。因为通过经济改革和工业化，中国将成为第一个完成千年发展目标中将“赤贫人口比例减半”的发展中国家。

在巴西中国问题研究中心主任罗尼·林斯眼中，中国共产党总是时刻将人民利益放在首位，明白人民真正的需求是什么，并据此制定正确的、有利于人民的政策。他由衷感叹：“这是中国共产党成功的秘诀。”

说起精准脱贫，就不得不说花垣县十八洞村。花垣县位于湘西土家族苗族自治州，这里是乾嘉苗民起义的古战场，沈从文在小说《边城》里提到的茶峒也在这里。如今，花垣县的十八洞村作为“精准扶贫”“精准脱贫”思想的发源地被广为传知，也成了精准脱贫攻坚的一面旗帜。

2013 年，习近平总书记来到十八洞村考察，苗族大娘石爬三家里没电视，认不得总书记，她问习近平总书记：“该怎么称呼您？”习近平总书记称石爬三为大姐，回答说：“我是人民的勤务员。”在考察中，习近平总书记提出扶贫工作要“实事求是、因地制宜、分类指导、精准扶贫”。如今，这十六字标牌高高树立在村口，成为新时期全国脱贫开发工作的指导方针。

这十六个字，给当年人均纯收入 1680 元的贫困村带来了考验：“不栽盆景，不搭风景”“不能搞特殊化，但不能没有变化”“要可复制、能推广”。十八洞村在没有经验借鉴的情况下，摸索出了精准脱贫的“艺术”。

十八洞村民风古朴，村民把脸面看得比什么都重。为了调动村民通过劳动致富实现脱贫的积极性，村委会和村支委开展思想道德五星评选，用荣辱心激发村民的内生动力。这一评选制度出来，那些本想着靠扶贫福利分点好处的村民坐不住了。

29 岁的龙先正，早年在村民眼里就是一个调皮捣蛋、不务正业的“刺头”，每天无所事事。2015 年村里的思想道德评选给他打了两星，他又羞又恼，当天晚上偷偷撕下贴在门上的标识。没过几天他找到时任扶贫工作队队长龙秀林，表达了脱贫的决心。龙秀林心里大喜，第二天就带着他去找工作，并为他做担保。龙先正总算是有了份正经工作，当然他也没有让龙秀林失望，他工作认真努力，在最近一次评选中，被评了四星。他深有感悟地说：“有手有脚有条命，怎么就不能过上好日子。贫困，以前我们不仅是贫，更重要的是困，对未来生活迷茫、对环境无助。现在不一样，目标能看得见、摸得着。”

在龙秀林看来，让村民教育村民，为扶贫工作打开了局面，但更难的是和村民交心。如何取得贫困户的信任，是精准脱贫的一门艺术。村里的龙先兰从小是孤儿，吃百家饭长大，谁也管不住他。如今，谈起龙先兰，村民们都会竖起大拇指，这个喜人的变化与龙秀林有关。

为了拴住龙先兰的心，龙秀林想给他找个媳妇，但相亲的结果给他浇了一盆凉水。没钱、没房，连亲人都没有的龙先兰，谁会嫁给他？得知龙先兰相亲落了面子，龙秀林便开导他说：“谁说你没亲人，从今天开始我就是你大哥，我的父母就是你的爹妈。”龙秀林这样说，也是这样做的，这让龙先兰十分感动，内心感到温暖，也不好意思辜负龙秀林为他做的一切。

2015 年，龙先兰被龙秀林送去学习养蜂，他不敢怠慢，勤勤恳恳。学成后，他利用 3 万元产业发展贷款，干起了养蜂、晒腊肉、种稻田多种经营。经过一年的辛勤劳作，他 2016 年实现收入 8 万余元，不仅脱了贫，还娶了媳妇。当初那个见到陌生人都不敢握手的年轻人，现在变得越来越自信。

激发村民脱贫致富内生动力只是十八洞村精准脱贫的一门“艺术”，发展产业才是稳定脱贫的压舱石。但十八洞村的产业发展可谓一波三折，最初村民对于种植猕猴桃这件事并不支持。

抬头是山、低头也是山，有的村民两亩地分散在九个山头，缺地是十八洞村产业发展面临的现实问题。距离村里 30 公里的道二乡，是大山中难得的一块平地，

湘西土家族苗族自治州花垣县十八洞村，62 岁的龙太金负责管理村里猕猴桃示范基地

流转那里的土地“借鸡生蛋”，最初在村民眼里无疑是天方夜谭。

龙秀林是湘西国家农业科技园区管委会主任，种植猕猴桃是他调查研究十八洞村后得出的结论，并且得到了扶贫队的认同。吸取过往粗犷扶贫、发钱扶贫、贫困户发展能力差的教训，龙秀林认识到必须因户精准施策，不能把钱一发了之。十八洞村又走了一步险棋：将财政补贴的每人3000元集中入股，种植猕猴桃。

村干部挨家挨户做村民工作，解决村民心中的担忧与疑惑；组织村民到四川参观学习；拜访中科院武汉植物研究所，引进国内猕猴桃种植高端技术；在道二乡流转土地后，邀请专业合作社与村里共建猕猴桃基地。从2014年投产到2018年挂果，村里对种植的每一个细节进行把控，79项检测指标全部达标，通过订单农业的方式将猕猴桃销往港澳，还跟京东电商平台做了对接。预计2019年，猕猴桃不但能帮助村民增收，还能进一步提高村集体收入。

除了猕猴桃种植产业，十八洞村积极合理开发当地自然资源，大兴旅游业，将十八洞村的自然风光打造成另一张名片。时至今日，十八洞村533名贫困户已实现全部脱贫，全村人均收入已达小康水平。十八洞村没有辜负总书记的厚望，交出了一份“可复制、能推广”的满意答卷。

在习近平新时代中国特色社会主义思想指引下，中国共产党有能力带领中国人民过上更加幸福美好的生活，中华民族必将实现伟大复兴。这样的脱贫成功故事，也将给世界的未来添彩。

18. 授人以鱼，更授人以渔

中国有句古话叫“授人以鱼，不如授人以渔”，说的是传授给人知识，不如传授给人学习知识的方法。道理其实很简单，鱼是目的，钓鱼是手段，一条鱼能解一时之饥，却不能解长久之饥，如果想永远有鱼吃，那就要学会钓鱼的方法。

全面建成小康社会，一个也不能少；共同富裕路上，一个也不能掉队。打赢脱贫攻坚战，到 2020 年全面建成小康社会，是党中央掷地有声的庄严承诺。在扶贫脱贫攻坚战中，党和政府动员和凝聚全社会力量广泛参与，坚持专项扶贫、行业扶贫、社会扶贫“三位一体”的扶贫方略，促进帮扶资源向贫困村和贫困户流动，实现同精准扶贫有效对接。

在脱贫致富奔小康的道路上，既要“授人以鱼”，更要“授人以渔”。“授人以鱼”的扶贫办法，只是“输血型”的外部帮助，无法从根本上解决贫困问题，因此有必要“授人以渔”，从“输血”扶贫转向“造血”扶贫。可以说，结对帮扶、走访关怀、送钱送物，让贫困户享受安居、健康、教育、就业等民生政策，是“授人以鱼”的过程，但那只是脱贫迈出的关键一步，只能解决暂时的困难，脱贫没有保障，即使暂时脱贫也会返贫。而“授人以渔”才是脱贫致富的关键一招。俗话说得好，家有良田万顷，不如薄技在身。“授人以渔”可以从根本上解决贫困问题，贫困人口只有掌握一技之长，靠自己的双手创造财富，找到致富的门路，真正摆脱“穷”根，才能过上全面小康的幸福生活。

近日，在阿里巴巴技术脱贫会议上，马云的一席话直指脱贫核心，他说，扶贫是直接给别人鱼，而脱贫是教人钓鱼。但是致富却是要造鱼塘，要养鱼，让鱼多起来。他的一席话对“授人以鱼，不如授人以渔”这种扶贫方式做了非常好的解释。2017 年 12 月 1 日，包括马云在内的阿里巴巴 36 名合伙人集体亮相，正式启动阿里巴巴脱贫基金。马云在现场表示，习近平总书记在十九大报告中已明确提出要实施乡村振兴战略，阿里巴巴不能置身事外，必须积极参与进来，贡献自己的力量。他当场宣布，脱贫工作已成为阿里巴巴的战略性业务，这项业务的行动宗旨便是乡村振兴计划。中国的互联网“巨无霸”发起组建的这支扶贫“军团”正式誓师，由此踏上了扶贫脱贫新征程。

阿里巴巴脱贫基金计划未来 5 年投入 100 亿元，用公益的心态、商业的手法，全面参与脱贫攻坚。一年的脱贫成绩单显示，全国有 600 多个贫困村通过电商脱贫成了“淘宝村”，国家级贫困县在阿里平台的销售额超过 630 亿元，425 万人次贫困户获得了健康保险保障，近 17 万名贫困县女性获教育生育健康险，近 27 万贫困地区青年接受职业培训。蚂蚁森林在沙漠植树 76 万亩，创造了 18 万人次的绿色就业岗位。

阿里巴巴对扶贫的关注始于马云多年前的一个偶然发现。

2005 年，淘宝网刚成立两年，马云为了解用户常常逛淘宝论坛。一次，他在论坛里看到一个名为 SOS 的帖子，便点了进去，发现是一位名叫周丽红的淘宝店主在求助。身患绝症的单身母亲周丽红努力经营着一家专卖儿童服装的淘宝店铺“魔豆宝宝小屋”，以维持自己和女儿的生活。她希望，自己死后能有人接手店铺，然后分出一部分利润来照顾自己的女儿和父母。这个帖子令马云久久不能平静。他立刻打电话向同事核实情况，在确认事实无误后便开始跟团队讨论如何去帮助周丽红一家。最终，在阿里巴巴和热心网友的接力下，这家人度过了最艰难的时刻。如今，周丽红虽已去世十多年了，但她的淘宝店铺却在阿里巴巴和许多爱心志愿者的帮助下仍在正常运营。

这件事给马云带来了巨大的心理冲击，他真切地意识到自己的热心能给别人带来实实在在的帮助。

2006 年母亲节，阿里巴巴与中国红十字会共同发起了致力于帮助困难母亲创业的“魔豆宝宝爱心工程”，为贫困母亲提供创业基金和笔记本电脑，帮她们开网店，走出困境。一位在车祸中失去了丈夫、自己也重度瘫痪的残疾母亲，在获得该工程资助后，不仅自己开了淘宝网店，还帮助其他残疾母亲也开起了网店。

在马云的带领下，阿里巴巴的一众合伙人踏上了扶贫之路，彭蕾便是其中之一。作为阿里巴巴的 12 位女性合伙人之一，她一直关注着扶贫领域最为困难的人群——妇女和儿童，并成立湖畔魔豆公益基金会，首期以个人名义筹集了 1 亿元。基金会成立的当月，彭蕾便和其他 11 位女性合伙人利用周末时间去了西安，专门考察一个致力于帮助 0~3 岁留守儿童的扶贫项目。她们的亲力亲为感动了很多人。

阿里巴巴的 23 位男性合伙人也在默默地践行着阿里巴巴的扶贫理念。阿里巴巴农村淘宝事业部总经理孙利军 2015 年与当年一起打拼过的兄弟们建了一个公益群，自掏腰包，每年到偏远地区建 1~2 所小学。他们约定要把这件事坚持做 10 年。阿里巴巴市场公关委员会主席王帅也在 2017 年与妻子一道，在各自毕业的中学设立了 1000 万元的教师奖励基金。

对马云和阿里巴巴来说，脱贫基金的成立意味着阿里巴巴的扶贫工作进入了一个机制化的新阶段。这一点从脱贫基金的人员配置上即可看出：马云亲自担任主席，蔡崇信、彭蕾、张勇、井贤栋 4 位合伙人担任基金副主席，阿里巴巴集团党委书记邵晓锋担任基金秘书长。每位副主席都有脱贫任务：蔡崇信关注贫困大学生群体；彭蕾聚焦女性脱贫；张勇主要负责把贫困地区的农产品畅通无阻地卖出去；井贤栋则把环境保护和脱贫结合起来。

除了 4 位副主席，阿里巴巴体系内的每个独立公司也都负责一个脱贫项目，比如阿里云负责创业脱贫，菜鸟负责把物流与脱贫结合起来，阿里影业每年至少要拍10部公益片。之后，阿里巴巴每半年公布一次脱贫报告，并邀请30位观察员，对项目进行监督。

就在阿里巴巴脱贫基金启动3天后，第一个项目就在第四届世界互联网大会上落地：阿里巴巴和蚂蚁金服分别与两个国家级贫困县甘肃定西、湖北巴东达成了结对帮扶，宣布用整个阿里生态的力量点对点帮助这两个县脱贫。

马云认为，过去十几年，阿里巴巴所做的主要是扶贫，但从现在开始，要将帮助困难群体脱贫作为重点。他说："扶贫是授人以鱼，而帮别人脱贫是要授人以渔。我们要做的是消灭贫困。"

从2010年起，阿里巴巴每年都将年收入的0.3%作为公益基金，用于扶贫助残、自然灾害救助等公益事业。马云直言，阿里巴巴的100亿元解决不了中国的贫困问题，但如果能借此唤醒社会大众参与到脱贫行动中来，则能改变许多贫困地区的面貌。

阿里巴巴脱贫基金副主席张勇赴重庆奉节采摘节，了解阿里在当地的助农脱贫情况

阿里巴巴提供的数据显示：2017年，阿里巴巴平台和蚂蚁金服平台共推动社会公众47亿人次参与公益，超过3亿用户、178万卖家通过阿里巴巴平台参与公益行动。阿里巴巴的脱贫方式，既授人以鱼，又授人以渔，对于先富帮后富，对于扶贫脱贫、实现全面小康社会，都具有示范作用。

19. 众人拾柴火焰高

逝者如斯，带去了中国百年的沧桑变化。几十年前，贫困就像一座巨大的山峰，中国数以亿计的贫困人口成为华夏儿女心头难以抹去的痛。

数亿人的衣、食、住、行一时成为急需解决的问题。如果中国想要在世界上站稳脚跟，重新获得历史上的荣光，只有扶贫这一条路可以走。

40 年的风雨激荡，40 年的奋斗拼搏，扶贫从来没有消失在中国人的视野中，在中国广阔的土地上，一个改革开放的国家正走在共同富裕的路上，40 年来的扶贫路上，许多公益组织已经渗透到了许多落后的领域。他们与国家的扶贫政策的初衷一样，希望所有中国孩子过上幸福安稳的生活，希望中国的每一个人摆脱贫穷的压力。“仓廪实而知礼节，衣食足而知荣辱。”近年来，国家助学金、奖学金，以及不同社会团体的补助金和个人补助金相互渗透，为贫困地区的人们提供了更多改变命运的机会。

2017 年 10 月 18 日，习近平总书记在党的十九大报告中指出，要坚决赢得脱贫攻坚战的胜利。要动员全党和全国，坚持扶贫政策，精准扶贫，动员一切社会力量，支持扶贫。在摆脱贫困和共同富裕的目标下，越来越多的组织投入扶贫事业。

中国幅员辽阔，生态环境差异较大。受不同的自然环境和人文环境影响，中国仍有千万以上的人口在贫困线上挣扎。

改革开放以来，中国已经有 7 亿多人脱贫，“中国式扶贫”之路为人类减贫做出了不可磨灭的贡献。为了实现全国7000万贫困人口的脱贫目标，到2020年全面建成小康社会，目前正是关键的时期，也是任务艰巨的时刻。而脱贫的困难越大，越是不能放松，就越需要勇敢和坚定不移的信心。到2020年，我们将实现全面脱贫，这就意味着我国每年需要减少超过1000万贫困人口。面对深度贫困地区，如何突破长期难以突破的瓶颈，如何实现“全面建成小康社会”，这是实现中国梦的关键。

“今天是美好的一天，梦想都可以实现……”在金秋的季节，黑龙江省绥滨县长发村比以前更加热闹。在晚上，村里的街灯明亮，仿佛是在繁华的都市；在广场，村民跳起舞蹈，展现了新时代农民的质朴风格。政府的援助、企业的帮扶让这个过去的贫困村庄焕发出新的生机与活力。

“众人拾柴火焰高”。黑龙江省在扶贫过程中引进了社会力量，积极支持贫困村建设，社会扶贫日益显示出巨大的发展潜力。

“农地变更为作坊，农民变成了工人”，大庆润奇集团的“公司＋合作社＋基地＋农民”的商业模式让农民喜笑颜开地拿到了工钱，昔日的贫困户不仅住上了楼房，还当上了业主，这是几年前大家想都不敢想的事情。2016年5月，黑龙江省成立了精准扶贫领导小组，开展了针对当地实际情况的精准扶贫工作。同时，黑龙江省工商联积极探索和实施各种扶贫模式，引导民营企业根据当地实际情况和企业自身能力参与扶贫。

根据2018年精准扶贫账户管理系统显示，黑龙江省400家民营企业参与了扶贫援助，总共实施了592个项目，总投资9.15亿元，帮助了299个贫困村，帮助了近45000人。

习近平总书记曾在中央扶贫开发工作会议上指出，摆脱贫困和致富不仅是贫困地区的问题，也是整个社会的问题。在四川省广安市邻水县的贫瘠土地上，如今遍地繁花似锦，街道两旁绿树成荫。冬天的芭蕉村在一层薄雾下就像一幅风景画，在村旁边的花卉基地，村民们正在谈论新时代的美好生活，不时传出欢声笑语。

芭蕉村位于当地一条山脉的中段，过去，这个村贫穷而且落后，不仅农业基础设施差，而且交通不便，村民文化素质普遍偏低，这是导致贫困的主要原因。

2015 年，村里在外地工作的乡亲慷慨捐款 954.5 万元，用来改善芭蕉村的基础设施，为发展当地的致富产业奠定了基础。芭蕉村的村民说，2014 年以前，村里动员村民整顿环境卫生，村民却抱怨说："饭都吃不饱，为何要搞卫生。"而在过去的两年里，芭蕉村整合了村里的可用资金，用以加强村庄道路、卫生环境建设，实施"五改三建"，还建立了微型污水处理站，大大改善了村里的自然环境和卫生环境。

路修好了，当地村民通过发展电子商务，收入越来越多，大家都开始积极参与村里的管理，村民意识显著提高。如今，芭蕉村动员了 50 多名党员干部，组成党员志愿者团体和青年突击队。他们每个月定期在村里进行卫生大扫除。村民们看在眼里，更多的人也加入进来，为维护村容村貌出力。现在清洁队已经发展到 200 多人。

秦立来自一个贫穷的家庭，也是清洁队的一员。他说："政府帮我翻新了旧房子，修好了厕所和淋浴设施，并给我安排工作，每月都有收入。我必须将这种互帮互助的精神传承下去。"当下，"芭蕉人"微信群已成为芭蕉村建设发展的"智库"。现在的芭蕉村每天都有新变化，全村人在走出贫困、走向富裕的道路上越走越有信心。

"独木不成林，单丝不成线"。同样通过集体脱贫致富的还有湖北省利川市谋道镇的村民。在寒冷的天气里，第一场雪后的谋道镇阳光明媚，温暖的阳光洒在大地上，熠熠生辉。一大早，刚脱贫的王玮便去当地集市买了 2000 元的猪肉作年货，脸上充满喜色。

47 岁的王玮是当地人，20 年前，他外出务工受了重伤，再也不能从事繁重的体力劳动，伤病让他的家庭状况变得越来越糟，由此，他成了村里的贫困户。

2016 年初，王玮筹集资金购买了 800 只鸡，从事家庭养殖业以增加经济收入。4 月的一天，他因腰痛住院，正值此时，当地天气突然改变，下起了暴雨，鸡棚倒塌，近200只鸡被压死。这让王玮伤心难过了许久。他说：“5年前，当我的母亲去世时，我哭了。如今，辛辛苦苦养的鸡都死了，这是我第二次流下了绝望的眼泪。”

在了解王玮的情况后，企业扶贫队第一时间表示慰问，并派人送去了资金，鼓励他继续发展养殖产业。王玮养过二十几年的羊，他用这笔钱买了几只山羊，年底时，他将成熟的山羊全部卖掉，赚了2000多元。由于他的勤劳和精心饲养，他的养殖场终于开始赚钱了。如今，王玮逐渐走出了生活的艰难境地，终于脱贫，他心里由衷地感谢当初帮他走出困境的那些人。

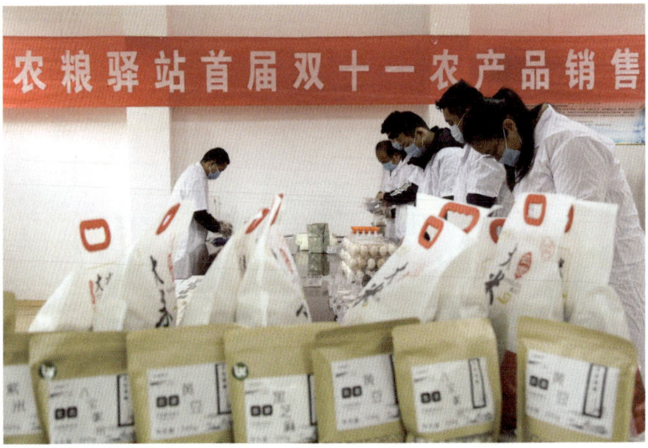

安徽蚌埠乡村电商备战“双十一”，收购贫困户的农产品上网销售

“一个篱笆三个桩，一个好汉三个帮”。让数千万人摆脱贫困的艰巨任务需要整个社会团结起来才能够实现。今天，中国将每年10月17日定为“扶贫日”，人们将“1017”的谐音称为“邀你一起”，目的是动员最广泛的社会力量来帮助还在贫困中的人们。各地通过相互支持，拓展新的扶贫模式，从“单一扶贫”逐步实现资源整合。

“积力之所举，则无不胜也；众智之所为，则无不成也。”一个人的力量可能是有限的，但汇集整个社会的力量，便可以形成集体的智慧和力量，全体人民共同进入小康社会，共同分享改革发展的成果，过上幸福美好的生活。

漫长的历史长河中，扶危济困、乐善好施向来都是中华民族的传统美德，是每个有家国情怀的华夏儿女的责任担当。“不积跬步，无以至千里；不积小流，无以成江海”，伟大的“中国梦”汇聚了无数人的梦想与希望，只有“众人拾柴”，才能将这美好的梦想变为现实。

20. 扶贫，“不破楼兰终不还”

湖南省花垣县十八洞村是“精准扶贫”的首倡地，肩负着探索“可复制、可推广”精准扶贫模式与经验的历史使命。经过3年多的实践，该村成为全面践行习近平总书记“精准扶贫”思想、扶贫脱贫成效显著的典范。

党的十八大以来，习近平总书记站在全面建成小康社会、实现中华民族伟大复兴中国梦的高度，把脱贫攻坚摆到治国理政的突出位置，提出一系列新思想新观点，做出一系列新决策新部署。在中央扶贫开发工作会议上，习近平总书记指出：脱贫攻坚战考验着我们的精神状态、干事能力、工作作风，既要运筹帷幄，也要冲锋陷阵。各级党委和政府必须坚定信心、勇于担当，把脱贫职责扛在肩上，把脱贫任务抓在手上，拿出“敢教日月换新天”的气概，鼓起“不破楼兰终不还”的劲头，攻坚克难，乘势前进。

2013年11月，习近平总书记在湘西调研时，在花垣县十八洞村提出要“精准扶贫”。我国脱贫攻坚战的大幕由此拉开。2017年2月，湖南省扶贫办宣布十八洞村脱贫摘帽，是全省首批脱贫的贫困村。

彼时的十八洞村共225户939人，其中贫困人口就达到533人，当年人均纯收入仅有1668元，当地一缺土地，二缺技术，三缺资金，属于典型的贫困村。

贵州黔东南榕江县平江镇高岛村培训妇女通过蜡染、刺绣等“指尖经济”助力脱贫增收

脱贫后的十八洞村兴起了旅游业，引来首旅集团等企业进村投资；种植业蓬勃发展；村民做起了苗绣等特色手工艺品，办起了农家乐。2016年，全村人均纯收入达到了8313元。

在十八洞村之外，全国的脱贫攻坚战也成绩斐然。2013年至2016年，中国农村贫困人口年均减少1391万人，累计脱贫5564万人，相当于一个中等国家的人口规模。2017年，中央财政专项扶贫资金增长30%以上。

十八洞村的发展，首先得益于党建先行，增强内生动力。

习近平总书记提出要“切实落实领导责任”“切实加强基础组织”“增强内生动力”。花垣县委县政府以驻村帮扶工作队、村支两委和青年民兵突击队建设为载体，以转变观念、提升群众思想道德水平为方向，形成了“党建先行，增强内生动力”的经验。2014年1月，花垣县委组建成立十八洞精准扶贫工作队，长年驻村开展工作。工作队进村挨家串户访贫问苦，与村民同吃、同住、同工作，真正发挥了“火车头”的作用。工作队召开选举大会，推选年轻有为的大学生担任村支书，推选致富能手担任村主任、村支两委成员，配备建制专干为村主干，增配9名村主干助理，并发动党员干部带头，筑牢了基层党组织的坚强战斗堡垒。工作队和村支两委把村里20多名在家的年轻人组织起来，组建“十八洞村青年民兵突击队”，帮助村里欠缺劳力的农户编竹篾条、糊泥巴墙、铺青石板，使全村“五改”工程稳步推进。

十八洞村的发展，其次得益于精准扶贫。

站在十八洞村的入口，可望见一块醒目的标牌：实事求是、因地制宜、分类指导、精准扶贫。这正是习近平总书记2013年11月3日视察十八洞村时强调的精准扶贫十六字方针。

十八洞村的扶贫工作曾经有一段时间游离在这十六字方针之外。村干部回忆说，过去的扶贫，采取的是一种“大水漫灌”的方式，缺乏精准性，既对扶贫对象缺乏精准锁定，同时也对产业布局缺乏精准选位。“多的时候每年（一个村）投入的资金上百万，但主要用在修路、通水通电等基础设施建设方面。对评定的贫困户，更多的是采取直接发放救济款的方式。”

在“精准扶贫”方针指导下，当地党委和政府对真正需要扶助的对象进行精准摸底，准确找出贫困村在哪里、谁是贫困户。对贫困户和贫困地区进行精准“号脉”，给他们建档立卡，成为精准扶贫的一号工程。

湖南省扶贫办主任王志群认为，在传统扶贫模式中，贫困群众容易被边缘化，甚至出现了“扶富不扶贫”，加上贫困群众缺资金、缺门路、缺市场意识，往往难以发展产业，无法实现长效脱贫。近年来，湖南省将传统的资金打卡到户的帮扶模式，改为通过直接帮扶、委托帮扶、股份合作等模式，组织和支持贫困农户跟着能人搞项目、闯市场，帮助他们发展或参与发展当地特色产业。湖南探索出“四跟四走”产业扶贫新路子，即“资金跟着穷人走，穷人跟着能人走，能人跟着产业项目走，产业项目跟着市场走”。

“四跟四走”产业扶贫模式，打破了过去扶贫队孤军奋战的局面，社会力量大量涌入，成为脱贫攻坚的新生主力。

全国人大代表、湖南步步高集团创始人王填与扶贫队打交道多年。他在实地调研时发现，过去很多扶贫工作缺乏长效机制，在引导农民发展种植、养殖产业后，因为没有市场机制跟进而导致产品滞销，而贫困农民因为无法规模化、产业化，农产品欠缺竞争力，许多地方出现“丰收不增收”的尴尬局面。为此，他一方面利用自身企业的供应链优势，帮助扶贫点兜底销售农产品；另一方面，以市场化机制倒逼优化扶贫产品链各环节。

企业的深度介入给精准扶贫带来的好处不仅是资金、技术和销售，更主要的是，它们能够以一种完全市场化的眼光和机制来引导扶贫产业布局和发展，使之不与市场脱节，从而使可持续发展成为可能。

十八洞村的发展，最后得益于资产收益扶贫制度。

2014 年，在对当地水土、传统等方面进行综合考量后，十八洞村引进外部企业成立了苗汉子果业公司，计划进行猕猴桃种植，村里占股 41%，其中，全部贫困人口以产业扶贫资金入股，占股 27.1%，贷款 1000 万元，并从邻近村流转了 1000 亩土地，还请来了技术专家。

但是，当时不少村民对种植猕猴桃并不看好，因为猕猴桃需要 3 年才能挂果，如此长的周期，使一些村民心里没底，因此他们当时纷纷反对入股，经过村干部和扶贫队工作人员细致的解释工作，他们才一致同意入股。2017 年猕猴桃开始挂果，仅销售猕猴桃一项，全村人均增收可达 5000 元以上。

中共十八届五中全会提出探索对贫困人口实行资产收益扶贫制度，十八洞村的探索，正是资产收益扶贫的细分。

类似的做法在许多地方被大力推广，主要就是将财政专项扶贫资金和其他涉农资金投入设施农业、养殖、光伏、水电、乡村旅游等项目形成的资产，具备一定条件的折股量化给贫困村和贫困户。

扶贫减贫是全面建成小康社会和建设社会主义新农村的一项重要任务，是构建社会主义和谐社会的具体行动。十八洞村的巨变为精准扶贫、精准脱贫提供了一个鲜活的样本，十八洞村的实践是切实践行精准扶贫方略的具体行动，严格按照习近平总书记探索“可复制、可推广”经验的要求，积累了不少经验，同时，也为继续推进精准扶贫、精准脱贫实践，构建扶贫脱贫的“中国模式”提供了有益的启示。

有精准扶贫的方略，有扶贫“不破楼兰终不还”的信心和决心，我国的扶贫减贫工作一定能取得成效，实现全面小康社会的目标一定会达到，将扶贫进行到底，祖国的明天会更加强大与美好。

五、健康撑起美好生活

21.“舌尖安全”有保障

中国人关于“舌尖的记忆”是丰富的，有苦、有甜，有饥、有饱，有短缺、有丰足，有好、有坏，有节俭、有奢侈，有新奇、有教训，显然更多的是安全和美味。新时代美好生活，“舌尖安全”是基本要求。

民以食为天，食以安为先。任何人都需要安全的食物。它是生命的保障，是健康的支撑。它是一条绵延不断的历史长河，是物质，是经济，是文化，也是历史，渗透着政治，映照着社会，如今更是代表了中国老百姓对新时代美好生活的追求。

清晨五点半，在北京市朝阳区红军营的社区菜市场，儿子一家还在梦乡之中，65 岁的王奶奶却格外忙碌，因为她正在为全家采购一天的食材。她的菜篮里有来自云南的黑糯甜有机玉米，还有本地怀柔农场的新鲜西红柿、黄瓜，“这是早上直接从怀柔采摘的有机蔬菜，上面还有绿色产品和无公害产品的标识”。在菜市场，王奶奶似乎练就了火眼金睛，脑海中有一套“安全标准”，凡是不符合这套标准的瓜果，她都能辨认出来，她认为只有安全的食物才能保证家人的健康。

在当代社会，中国人对于食物的首要需求就是安全。“治政之要在于安民，安民之道在于察其疾苦。”进入新时代，党中央高度重视食品安全问题，力求重拳严治，建立全程监管制度，保障人民“舌尖上的安全”。

2016 年 1 月，习近平总书记强调确保食品安全是民生工程、民心工程，是各级党委、政府义不容辞之责。这意味着“舌尖上的安全”与各级领导干部的“官帽”紧密联系在一起。

“舌尖上的安全”直接关系13亿多人的健康。党的十九大报告明确提出，实施食品安全战略，“让人民吃得安心吃得放心”。对此，王奶奶深有体会，觉得安全才是新时代饮食的关键。饭菜的质量关乎家人健康，绿色有机的食品才能让家人吃得香，它不仅是对辛苦打拼的家人的慰藉，也代表对高质量生活的保障。

食物是沉默的，眼前的食物，可能来自遥远的深海和高山。人们对于吃的喜好又各不相同，嗜荤茹素、快食慢餐，都是人间百味。如何知道它们是否安全呢？“舌尖上的安全”，不仅需要人们对于食材的极致关注，还需要一群专业的守护者，这就是“食药监人”。

无论是在饭店吃饭，还是在家点外卖，消费者很难第一时间知道自己吃的东西是否安全。如果没有人监督商家，这日子会过得多么忐忑不安啊！在梅州市食品药品监督管理局工作的欧海英说，在自己的工作岗位上，她总是站在维护食品安全第一线，经过走访摸排，带领食药监人成功捣毁了一个收购、加工、储存、销售“一条龙”的病死猪黑窝。维护食品安全、保卫人民生命财产的举动，来自她时时刻刻不松懈的日常巡查监管的责任心，更来自她对人民生命安全负责的高度使命感。他们履职尽责，为人民群众的饮食保驾护航，他们的故事为我们描述了新时代食药监人的担当。

当代中国人一开始对“舌尖上的安全”是缺乏想象力的，中华人民共和国成立后，我国经历了三年自然灾害时期，那时候主要矛盾是吃不饱，全国上下勒紧裤腰带，吃饭凭粮票，买油要油票，春天不得不吃柳叶柳芽、马齿苋，夏天的榆钱也是人们难忘的味觉记忆。直到20世纪80年代，物质生活好了，人们吃得饱了，注重的是食材的丰富和口味。紧随而来的是美国的可口可乐、薯条、炸鸡等快餐食品风靡全国。现在，进入新时代，群众的诉求已从吃得饱转向吃得好、吃得健康、吃得放心。

江苏连云港，执法人员在连云区一家大型超市进行食品安全检查

绿色有机食品是让人们吃得好的关键。一直关注食品安全的河南科技学院教授茹振钢说，日前，群众的诉求就是确保食品是绿色的、有机的，一方面要加强农业生产的源头把控，尽最大可能降低污染，推动绿色生产；另一方面，要倡导绿色的生活方式和消费方式，以需求拉动供给。

国民营养事关国民素质提高和经济社会发展。为贯彻落实《“健康中国2030”规划纲要》，2017年，国务院制定并印发了国民营养计划，开创大营养新格局，并成为年度卫生与健康领域十大热点之一。

在上海市，百万素食爱好者在普通菜蔬中寻找着健康乃至人生的想象；在云南，营养午餐计划让成千上万的农村留守儿童感受到温暖和铭刻了对新生活的记忆；在纪录片中，《舌尖上的中国》通过讲述美食背后那些来自乡野、来自草根的小人物的命运故事，触摸了时代的脉搏，道出了中国人对于食物最朴素的要求。

当我们在谈论新时代的美好生活的时候，我们会谈论什么？早餐吃的一茶一蔬？还是猪肉涨价的一分一厘？

在所有中国人的感知中，新时代不是一个时间的概念，美好生活也不仅仅停留在可观察到的物质生活的表面，还有一些美好的向往深藏于我们心底，潜移默化。在新时代，每一个人都会有一份属于自己的感悟，而每一件有关食品安全的事情也都时刻牵动着你我的心。

今天，空前丰盛的食物来源满足了人们的胃，但在一些地方，食品安全风险隐患仍不容忽视。让人们吃上安全的、有机的、绿色的食品，成为新时代美好生活的愿景。

22. 不再因病致贫

对于贫困群体来说，一场病不啻一场灾难。“病来如山倒”一言既生动地道出了疾病的来势汹汹，也道出了因缺乏医疗保障，有些家庭因病致贫返贫的沉痛遭遇。没有健康，贫困人口就不可能摆脱贫困奔小康，就不可能支撑起新时代的美好生活。

根据国务院扶贫办发布的建档立卡数据显示，2016 年底，包括少数民族地区在内的贫困人口中，因病致贫返贫比例高达 44%，因病致贫返贫成为精准扶贫最难啃的骨头。近年来，我国全面建立中国特色基本医疗卫生制度、医疗保障制度和优质高效的医疗卫生服务体系，推进大病保险制度，实施健康扶贫工程，力图破解“因病致贫返贫”难题。许多被病痛压垮的贫困家庭的命运，在这样的背景下悄然改变。

房屋低矮，圈舍空空，只有倾斜的木梁。这是西部地区贫困户李国全家中的实情实景。家中的男主人因长期患脊柱炎导致腰部弯曲，已经无法自如行动；女主人则在家日夜照顾丈夫，无法外出打工，家里失去了“造血功能”，最终成为村里建档立卡的贫困户。这个家庭的处境，在当时正是很多遭遇大病陷入困境的普通家庭的缩影。

幸运的是，国家重视因病致贫返贫问题，连续出台健康扶贫惠民政策，不断完善基本医疗保障制度，努力为贫困群众“织网兜底”，使得“应治尽治”“应扶尽扶”“应保尽保”。

不再因病致贫返贫，首先是让贫困群众看得起病，实现“病有所医”。党的十九大报告指出，要全面建立中国特色基本医疗卫生制度、医疗保障制度和优质高效的医疗卫生服务体系。“如果不是新时代的医保，我想都不敢想我能够住院呐。”李国全由衷地说。从我国全面实施医改以来，李国全的家庭情况开始慢慢好起来，在新农合支付和民政救助的扶持下，他的手术费问题得到了解决——首先是国家把基本医保、大病保险、医疗救助等相关政策织成“健康脱贫网”，对贫困的患者采取了倾斜性支持保障政策，然后通过综合措施，利用合规医疗费用实行“重病兜底”保障。这些措施不仅提高了贫困人口医保的报销比例，帮助农民减轻大病、慢病带来的负担、困难，并且针对性、时效性、优惠程度越来越强。

中国红十字基金会在新疆喀什地区启动“天使之旅——贫困先心病患儿筛查”活动

“再恢复一段时间，我就能走动，在家做点小生意。”不需要妻子日夜照顾的李国全，感觉生活重新有了奔头。

2016 年底，全国因病致贫返贫的 734 万人中，12% 是由于“灾难性医疗支出”或大额医疗费用所致。一场大病动辄十几万，长期、大额的医药费支出，加上巨大的精神压力，很容易就使整个家庭陷入贫困的泥潭。

来自山西的杨能仙夫妻一直在石棉矿上打工，她丈夫患尘肺病去世后不久，杨能仙也被查出尘肺病。身患重病，孩子年幼，杨能仙不知道接下来该怎么办。

事情的转机是由“大病医保”带来的，这个她从未听说过的医保制度，保住了她的生命，也保住了全家人的希望。2012 年 8 月，国家六部委联合发文开始推行大病保险，大病医保报销比例要求不低于 50%。到了 2015

年，国家为了破解“因病致贫”“因病返贫”，将贫困人口全部纳入重特大疾病救助范围。各地可根据患病家庭负担能力、个人自负费用、当地筹资情况等，分类分段设置重特大疾病医疗救助比例和最高救助限额。党的十九大以来，我国城乡居民基本医保（新农合）、大病保险对贫困人口实现了全覆盖，重特大疾病医疗救助逐步覆盖贫困人口。

如今，杨能仙已经在网上开了个淘宝店，主要卖当地特产，加上国家提供的贫困补助，她的生活重新步入正轨。虽然身上还有慢性病需要长期治疗，但杨能仙主动把国家提供的大病救助补助让给了更需要的人。她常心怀感恩，因为大病医保让她家走出了“因病致贫”的梦魇。

党的十九大报告指出，要“实施健康中国战略”，“倡导健康文明生活方式，预防控制重大疾病”。病痛和贫困向来是影响人民幸福感和获得感的两个重要因素，而对于贫困群众来讲，这两个因素又往往是交织在一起的。因此，建设健康中国，用健康支撑起人民群众的美好生活，不仅要祛病和脱贫同时抓，更要通过健康生活预防疾病。

“现在咱们的物质生活改善了，有条件注意饮食均衡啦，另外就是建议大家每天多走走路！”“悦纳自我、肯定自我、欣赏自我、发展自我，做一个健康快乐的人！”“日行一万步、吃动两平衡、健康一辈子。”在某村民活动中心每周一次的健康讲座上，来自卫生院、疾控中心和爱卫会的工作人员和志愿者正在给大家普及健康知识。举办这样的活动，目的是为了倡导大家积极行动起来，做全民健康生活方式行动的参与者、受益者、推动者，形成“人人知晓健康、人人关注健康、人人传播健康”的良好社会氛围。

健康脱贫，不仅要治好现在的病，更重要的是预防未来的病。在我国广大农村社区中，处处可见一道道鲜明的健康生活标语；乡村公路上，驰骋着一辆辆为群众健康奔波的服务车；健康扶贫工作现场，一位位白衣天使正在为贫困群众体检、看病，他们就像鲜明的标志在提醒大家：有健康，才有小康。积极推动全民健康生活方式养成，让贫困群众少生病、不生病，是新时代美好生活的内涵。

党的十九大报告指出，要完善国民健康政策，为人民群众提供全方位、全周期健康服务。在具体脱贫攻坚实践中，针对因病致贫的贫困户，要“对症施策，标本兼治”，通过建立多重保障机制，加大扶助力度。

2017年，原国家卫生计生委、民政部、财政部、人力资源和社会保障部、保监会、国务院扶贫办共同研究制定了《健康扶贫工程“三个一批”行动计划》，“三个一批”是指大病集中救治一批、慢病签约服务管理一批和重病兜底保障一批，这是一种精准脱贫的措施。

“爸爸妈妈看见我了吗？不用担心我的身体啦。”正在和在外地打工的爸爸妈妈进行视频通话的是来自西藏自治区的小卓玛，6岁的他本患有先天性心脏病，经过治疗已经康复。小卓玛的康复，得益于我国组织开展的农村贫困家庭大病专项救治工作，这项工作对患有大病（包括食管癌、胃癌、结肠癌、直肠癌、终末期肾病、儿童白血病和儿童先天性心脏病等重大病症）的农村贫困人口实行集中救治；对于高血压、糖尿病等慢性病患者，则开展规范治疗和健康管理；而对重病患者则加大救助的力度，帮助其控制病情。截至2017年底，此项工作已经分类救治了420多万名贫困患者。

新时代，健康与民生紧密相连，民生良则身心康，身心康则生活美。在党和政府“健康扶贫”政策下，贫困地区医疗服务将不断改善，更多贫困群众看得起病，因病致贫的病根将被彻底斩断。

23. 好医院就在家门口

过去看病总往城里走，医院挂号难又难；如今好医院就在家门口，预约看病不再愁。

近年来，谈起百姓就医最大的变化，有人说是确立分级诊疗，构建医联体，把好医院留在了家门口；有人说是基层医疗条件不断改善，全科医生越来越多，让优质医疗资源下沉到基层；有人说是专家进社区，家庭医生签约覆盖面扩大，成为百姓期待的身边“健康守门人”；也有人说是预约挂号、医保缴费都能手机操作，看病就医开启了智能新时代……

新时代，我国医药卫生体制改革继续稳步推进，党的十九大报告指出，要全面建立优质高效的医疗卫生服务体系，“加强基层医疗卫生服务体系和全科医生队伍建设”。如今，在破解“看病难”“看病贵”难题，提升百姓健康获得感方面，政府做了很多工作，一项项医疗惠民的改革措施也如春风般深入百姓

我国 80% 三级医院开建医联体

生活中。

“大城市三级医院‘人满为患’，基层医疗机构却‘门可罗雀’。”这是过去一个时期老百姓看病难的真实写照，而造成这种现象的根本原因，是我国优质医疗资源不足和配置不合理。针对这个问题，中央提出了分级诊疗政策方案，主要内容是基层首诊、双向转诊、急慢分治、上下联动，主要原则是坚持以人为本和城乡统筹。2017 年印发的《“十三五”深化医药卫生体制改革规划》提出，到 2020 年，要基本建立符合国情的全国分级诊疗模式。

“来来回回去北京的三甲医院看病近一个月，只是确诊，一直没有动手术，没想到竟在家门口把手术做好了。”要说现在看病有多方便，家住安徽省合肥市的王大爷最有发言权。2018 年初，合肥的王大爷被查出胃癌初期，在北京打工的儿子王新把王大爷接到医疗条件好的北京治疗，“父亲的年纪大了，长途奔波加重了病情，而且北京三甲医院挂号太难了，治这个病要花十多万。”经过打听，王新得知安徽省人民医院对口扶持的区医院就能治疗，新农合医保还能报销医药费。于是，王大爷历经奔波后回到区里接受了全胃根治性切除手术，报销后只花了 5 万元左右。

王大爷的康复得益于分级诊疗制度的完善。以安徽为例，安徽通过建立专科对口扶持、预约诊疗、双向转诊、检查结果互认和远程会诊等机制，省市级三级大医院逐步回归大病、疑难杂症诊断和科研教学，逐步引导患者首诊在社区、康复在社区，常见病、小病到一、二级医院。如今，常见病可以基本实现“不出县”治疗，让更多患者能就近找到好医院。“过去看病总往外走，如今好医院就在家门口啊。”王大爷感慨地说。

“现在家门口就有医院，实在是好轻松。”这是来自西安市未央区群众的称赞。目前，西安市未央区已先后建立了省市三级、民营三级医院牵头的至少 4 个医疗联合体。

作为医改中分级诊疗制度中的重要承载单位，医联体的建设是促进医疗资源合理配置、基本医疗卫生服务均等化的重要抓手。它的构建，不仅使“百姓追着服务跑”向“服务围着百姓转”转变，也让医院有了更明晰的发展定位，更代表着新时代群众对医疗机构的新要求。

“现在得大病在社区医院就能看好，花费比到市里大医院少了一半。”说起在家门口看病的经历，正在社区医院做针灸治疗的刘小红内心充满了感激。刘小红一直被头痛和耳鸣困扰，前前后后跑市里大医院不下十多次也没有好转，直到在社区宣传栏看到省中医院主任医师徐大夫每周五都会来社区医院给居民坐诊的消息，刘小红在轻轻松松挂到专家号后，开始了针灸治疗，病痛情况大有好转。

刘小红能够在家门口“好看病”缘于建立“医联体”的探索。医联体的构建需要立足公立医院改革，整合基层医疗资源，组建一个“共建共享共治”的联合体，联合体内派驻专家医生、组建“联合病房”，固定交流机制，各三级、二级医院派驻专家定期到社区卫生服务中心坐诊，患者转诊还设有“绿色通道”。这不仅有利于加强上级医院对基层医疗机构的技术指导和人员培训，也有利于增强医疗服务的协调性、连贯性、整体性，使优质医疗资源不断向基层下沉。沉得越深，百姓的实惠才越大。

党的十九大为新时代基层医疗卫生事业发展明确了目标和方向，使得大医院设备和资源下沉到基层，让基层留得住优秀的全科医疗人才。

湖南常德的李老汉在听说家门口的乡卫生院也能做手术时，心里是不相信的，但是因为急性胆囊炎发作急需手术，来到乡卫生院后，他的想法改变了。这里不仅有彩超等各种检查设备，而且微创腹腔镜手术半小时左右就成功完成。在乡卫生院，李老汉顺利完成手术，住了 4 天院就康复回家了。

这是通过机构建设、人才队伍、服务能力三方面“强基层”之后的结晶。一方面，推动基层医疗卫生机构基础设施建设和设备装备更新；另一方面，探索建立基层卫生人才“管用”机制、职称评审机制、人才考评机制，并且充分发挥了激励机制的作用；最后就是提升基层卫生服务能力，更好地推动基层首诊，让服务更贴心，让医疗效果更暖心。

同样的疾病，同样的医疗水平，和过去不同的是新时代我们在家门口就能得到及时有效的治疗和惠民贴心的服务。医疗卫生服务“强基层”，让更多的患者更好地看病。

家庭医生又叫全科医生。居民以家庭为单位，与家庭医生服务团队签约，享受家庭医生服务团队提供的“定制”医疗服务。这种曾被视为“高级的生活方式”，而今正逐步走入寻常百姓家，家庭医生成为百姓的“健康守门人”。

“陈阿姨，最近调养得好不好呀？有没有按时吃药？”这样唠家常式的对话在陈阿姨家每周都会上演一次，这是上海市某社区卫生服务中心的家庭医生正在为瘫痪且患有高血压多年的陈奶奶定期免费检查和诊疗。最让陈奶奶感动的是，家庭医生不仅为她建立了健康档案，还关注她的饮食、起居、康复训练。“他们是贴心的好医生，就像我的亲人。”坐在轮椅上的陈阿姨微笑着说道。在上海，家庭医生不仅是老龄居民的“健康守门人”，更是他们离不开的分级诊疗“引路人”。

可以说，家庭医生签约服务打通了看病就医的“最后一公里”，因为家庭医生不只是医生，也是病人的朋友和健康导师，更是社区居民的知心人。国务院医改办等部门印发的《关于推进家庭医生签约服务的指导意见》提出，到 2020 年力争将家庭医生签约服务扩大到全人群，形成与居民长期稳定的契约服务关系，基本实现家庭医生签约服务制度全覆盖。

互联网技术逐渐改变了原有的医疗模式，将原来医院与医院之间、医生与医生之间、医生与居民之间的信息孤岛有效连接起来。试想一下，到医院看病不用跑上跑下地挂号、缴费、拿药，住院也不用家属日夜陪伴，甚至在“虚拟医院”问诊，这一切只需拿起手机就可轻松解决，这是多么便捷的体验。

一个电话呼叫你的虚拟医生，足不出户就能得到专业的医疗服务，这是沈阳正在流行的“互联网 + 医疗健康”；在山城重庆，首家互联网智慧型医院已将互联网智能医疗模式运用在医院各类医疗设施中；宁夏银川

2016 年率先出台互联网医院领域突破性政策，填补了国内互联网医院监管空白。

2018 年 3 月 10 日，全国“两会”上李克强总理针对宁夏代表团提出的“希望建立国家健康医疗大数据中心，纵向打通各类医疗卫生机构、部门、区域之间的信息壁垒”做出回应：要求有关部门要调整优化投资结构，把固定资产投资更多投向基础信息等领域，加快“互联网 + 医疗”“互联网 + 教育”建设，让优质医疗教育等资源惠及更多基层群众。从“看上病”到“更舒心”——让数据多“跑跑路”，让群众少跑腿，通过“指尖上的医院”送药品、送服务、送技术、预约挂号等服务，医疗服务不仅实现了看得起病，而且使看病更便捷！

步入新时代，人民群众不仅在家门口看病方便，还能预约专家号；不仅药费优惠，还有家庭医生上门服务，“指尖上的医院”还更加便捷。你说，这样的美好生活，咱们能不幸福吗？

24. 便宜能买良心药

救命药是特殊的商品，也是战胜病魔的重要武器，救命药不仅具有准公共物品的性质，也攸关百姓性命。因此，让更多患者买得起、用得上救命药和良心药，延长宝贵生命，是新时代建设健康中国的必然要求。

过去，“以药养医”的医药卫生体制使普通老百姓“看病贵”的问题得不到有效解决，廉价特效药的短缺以及频频出现的“黑心药”更是让老百姓揪心。但让我们安心的是，党和政府始终如一地关心老百姓的健康需求，始终不忘保障人民用药的初心，始终牢记维护人民健康的使命。

党的十九大报告指出，要全面实施“健康中国”战略，“全面取消以药养医，健全药品供应保障制度”。进入新时代，我国药品供应保障体系得到进一步完善，在提高药品的可获得性、老百姓可负担性和安全有效性等多方面取得了更大的突破，药品供应更加充分，药品购销“两票制”让药更便宜，改革完善短缺药品的供应保障机制让更多廉价救命药上市，传承发展中医药事业让老百姓有更多的健康选择，加强药品监管让药品市场更加规范。

“药更便宜了，相信党的十九大会给我们老百姓带来更多实惠。”家住河南省新乡市南李庄的张女士今年 65 岁，是一名退休老人，患有高血压，从 50 岁就开始服用降压药。天天需要吃药的她对于药价的变化特别敏感，以前张女士在医院购买降压药一次就要花 500 多元。“现在好多了，在医院购买只要 400 多元，拿着医生开的药方，我也可以在药店买，还更便宜。”张女士感叹，“如果医院的药价降得更多，对我们这些需要长期用药的人来说，肯定还是更愿意直接在医院买，毕竟药品安全是第一位的。”

事实上，让药品的供应更加充分，让老百姓能买更多便宜药，关键在于供需关系改革，也就是要求推进医药分开，全面取消以药养医。“全面取消以药养医，健全药品供应保障制度”是习近平总书记提出的“健康中国”国家战略重点任务之一，也是推进“健康中国”建设的重要基础。目前，我国实行 60 多年的药品加成政策已经取消，居民个人卫生支出占卫生总费用的比重也已经下降到 30% 以下。长期奔走在医药窗口的张女士也说，她们社区的居民已经全部参加新农合，加上基本药物的普及，基层医院的收入也不再依靠卖药了。过去“以药养医、医院药价贵”的情况正在逐步改变。

2017 年底，中央全面深化改革领导小组通过了《关于进一步改革完善药品生产流通使用政策的若干意见》，从药品生产、流通、使用全链条提出了系统的改革措施，要求提高药品供给质量疗效，确保供应及时，促进药品价格合理，使药品回归治病本源，建设规范有序的药品供应保障制度。

我们相信，全面取消以药养医只是新时代的开端，不久的将来，党和政府将通过更多更惠民的措施推进医药分开。在切实保障人民群众医疗权益的同时，理顺公立医院医疗费用结构，实实在在地为百姓就医省下“真金白银”，有效调动医务人员积极性，增强人民群众满意度，让“看病贵”现象真

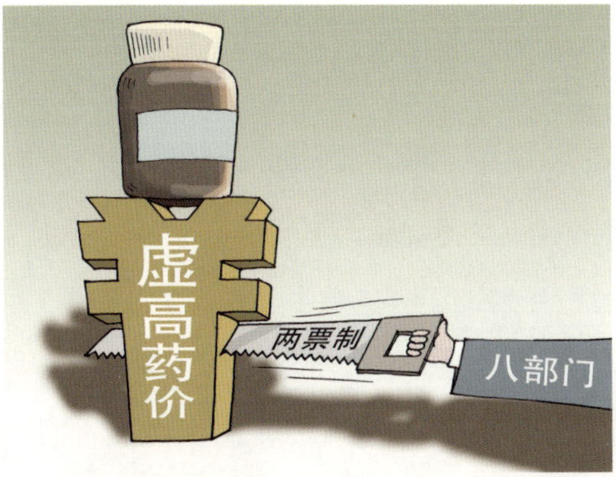

8 部门联合降低虚高药价

正成为过去式。

2018 年 1 月，正在广东省肿瘤医院骨科病房里看药品缴费单的王大爷忽然发现，儿子的药费变少了：每天都需要使用的一种注射用抗癌药从原来每支 890 多元，降到了 810 多元。

药价直降是“两票制”在广东省试点的重要成效之一。“两票制”是指药品生产企业到流通企业开一次销购发票，流通企业到医疗机构开一次销购发票，以“两票”替代目前常见的七票、八票，减少流通环节的层层盘剥。2017 年底，国务院办公厅会同原国家卫生计生委等 8 部门联合下发通知，要求在 2018 年推行药品购销“两票制”，进一步提高医疗机构在药品集中采购中的参与度，鼓励跨区域和专科医院联合采购，减少药品从药厂到医院的流通环节。这一举措不仅提高了效率，保证了用药安全，也利于政府对药品的监管工作。

“这种抗癌药，孩子一个疗程就要用 10 支。”王大爷从抽屉里拿出厚厚一叠缴费单，这是他们家庭今年买药的花费，而“两票制”带动药品的降价对于王大爷一家来说就是“减负”的福音。

过去，我国廉价救命药频现“药荒”，巯嘌呤片、丝裂霉素、甲巯咪唑、放线菌素 D 等药品时常断货。三年前，壮壮被检查出患有儿童急性淋巴细胞白血病，从那个时候开始，壮壮的生命就开始和一种名为“巯嘌呤片”的淡黄色药片紧紧拴在一起。然而，这种救命药在 2016 年经常出现缺货状态，“那个时候，只有病情严重到住院了，医生才给开几片救急。”

转机出现在 2017 年 6 月，原国家卫生计生委等 9 部门印发《关于改革完善短缺药品供应保障机制的实施意见》，力争保障短缺药品供应。2017 年 11 月 20 日，李克强总理专门对此药作出批示，要求有关部门“将心比心”“特事特办”，切实解决患儿家庭的“用药之痛”。在强有力的调控下，巯嘌呤片的生产和供应恢复正常，价格趋于稳定。“不用再去问哪里能买到救命药了。”壮壮妈妈终于不再有断药的恐慌。

事实上，过去经常短缺的廉价救命药不止巯嘌呤片一种，壮壮一家之前的境遇只是我国救命药“药荒”现状的一个缩影。随着党和政府的不断重视，国家卫生健康委员会、工信部、发改委、财政部等部门通过一系列相关产业化专项政策，对短缺药生产企业改造给予支持，在产业振兴和技术改造专项中，将临床短缺药、罕见病药、儿童药的扩能改造作为支持重点，廉价救命药逐渐“得救”。在新时代，患者有望获得更多品质安全放心、价格更低廉的国产救命药。

中医药是中华民族的瑰宝，也是打开中华文明宝库的密钥。进入新时代，古老的岐黄术历久弥新。

党的十九大报告提出，“坚持中西医并重，传承发展中医药事业”。这为新时代中医药的创新发展指明了方向，要求我们深入挖掘中医药宝库中蕴含的精华，努力实现其创新性发展，使之与现代健康理念相融相通。

我国首位诺贝尔医学奖获得者、中国中医科学院首席研究员屠呦呦当初在抗疟疾项目研究中遇到困境时，重新温习了中医古籍，正是传统的中医药给了她创新的灵感。她说：“青蒿素是传统中医药献给世界的礼物。”屠呦呦的故事告诉我们，要发挥“中医药宝库”在健康养生、治未病中的优势作用及其在治疗现代疾病方面中的独特作用。新时期，我们要发扬传承创新精神，善于从古代经典医籍中寻找创新灵感，结合现代西医的先进科学技术，共同融合发展。

2017 年 7 月 1 日，《中华人民共和国中医药法》正式实施，大大推动了中医药事业的发展，中医从神农尝百草开始，在几千年的发展中积累了大量药品，应推动我国优秀的中医药品进入市场，让药品的供应更加充分，让人民的健康选择更多。

新时代我们要继续坚持保障人民用药初心，牢记维护人民健康的使命。必须“全面取消以药养医，健全药品供应保障体系”，“坚持中西医并重，传承发展中医药事业”，必须加强药品监管以保障药品安全。

人民健康是生活美好的重要基础，而良心药品攸关人民的生命，对病人属于“刚需”。因此，我们必须充分发挥政府的“有形之手”，除了管控好购销标准、渠道和价格，还要解决好市场失灵的难题，保证廉价救命药和良心药的有效供应，为患者“托底”，进一步完善药品供应保障体系，让老百姓买药更便宜、用药更放心。

25. 我们一起来跳舞

“广场舞阵营”日益壮大，跑马拉松的人越来越多，羽毛球馆、篮球馆、游泳馆也备受青睐……近年来我们不难发现，当代中国正在进入一个“全民健康”的新时代。没有全民健康，就没有全面小康。作为一种健康的生活方式，健身正在被无数人发自内心地追捧。

在党的十九大报告中，习近平总书记强调，“人民健康是民族昌盛和国家富强的重要标志”，要“实施健康中国战略”。总书记的报告体现了我们党对人民健康重要价值和作用的认识。健康是全国人民对美好生活的共同向往，党的十九大报告为我们勾勒出健康中国的清晰蓝图，为广大人民群众带来了更多健康福音。

“过去啊，没有病就是健康。”这是家住北京市朝阳区的李奶奶的心声，但是老百姓的健康被寄托在“治病”上，“需要花钱吃药打针动手术，结果钱花了、罪受了，却依然得不到真正的健康”。

如今，个人的身心健康、健康的生活方式、良好的健康素养，与社会及环境保持和谐友好的关系，成为新时代人民健康生活的重要话题。

2016 年，党和国家相继发布了多项“划时代”意义的政策法规，从《“健康中国 2030”规划纲要》开始，再到医药卫生体制改革，同时还倡导健康文明生活方式，完善国民健康政策。“这体现了对健康公平的关注，体现了新的发展理念，符合客观规律，符合国际发展潮流，符合人民群众对美好生活的新期盼。”原北京市卫生计生委主任雷海潮在十九大后接受媒体采访时这样说道。要为人民群众提供全方位、全周期的健康服务，要一个不少、一个不落地满足不同人群的需求，国民健康水平才能得到同步提高。

2017 年 12 月 10 日，距离 2018 年研究生入学统一考试还有不到两周的时间，北京市海淀区某高校的李康同学在坚持半天的学习之后，依然抽出 1 个小时去跑步，希望“保持健康”和“缓解压力”。李康认同一个观点：运动健身的人相对乐观、开朗，生活有品质、有追求，运动健身是一种健康的生活方式。如今，健身逐渐被大家接受，整个社会风气对于运动也更加关注。用李康的话说，“运动和它背后承载的大健康精神正在变为一种时尚生活方式”。这种时尚生活方式让中国老百姓的生活变得更加积极向上、充满阳光。

“全民健身是全体人民增强体魄、健康生活的基础和保障。”2013 年 8 月 31 日，习近平总书记在会见参加全国群众体育先进单位和先进个人表彰会的代表时表示：“人民身体健康是全面建成小康社会的重要内涵，是每一个人成长和实现幸福生活的重要基础。我们要广泛开展全民健身运动，促进群众体育和竞技体育全面发展。”此外，习近平总书记本人也是一名体育爱好者。2014 年 5 月 30 日，他到北京市海淀区民族小学看望少年儿童时表示：“足球要从娃娃抓起，希望孩子们要文明精神、野蛮体魄，把身体锻炼好，把知识学好。”在其他场合，习近平总书记也强调过要重视身体健康。2015 年 1 月 12 日，在同中央党校第一期县委书记研修班学员畅谈交流时，习近平总书记劝“年轻人不要总熬夜”。他这些关注健康的话语，在网上被热情转发和评论。

可以说，短短几年时间，中国人对体育、对健康的观念发生了巨大的变化。步入新时代，越来越多的人开始喜爱体育运动并主动参与其中。更重要的是，早期通过全民健身获得健康的群众，开始以自己的行为影响和带动身边人参与运动、参与健身，从而形成良性循环，全民健身的理念也得以传播。在新时代，全民健身早已超越了简单的强身健体，而是逐渐与经济、教育、文化、养老等事业相融合，形成了互促共进的发展新格局，成为健康中国的新标签。

过去，人们通常将“温饱无忧、劳逸结合、强身健体”作为健康生活方式的信条，随着时代的进步，到了 21 世纪，人们已不满足于这一“健康信条”。

党的十九大报告强调：“坚持预防为主，深入开展爱国卫生运动，倡导健康文明生活方式，预防控制重大疾病。”这表明“最好的医生是自己”，保持健康文明的生活方式，重在预防，医学不过是其最后防线，生命品质，更多维系在自己手中。

步入新时代，“健康文明生活方式”这句话从文件里一步一步“走”到了百姓的身边。在“花钱去医院”和“主动去锻炼”之间，多数人选择后者。河北石家庄的 65 岁老人干梅从 60 岁开始决定做“自己的医生”，在评估身体状态后，她开始接触跑步，从训练到参赛，如今已参加过 10 多场半程马拉松比赛。跑步对于她来说不仅仅是一种锻炼方式，更是一种健康的生活方式，包括对身体状态的极致关注、获得别人的支持以及调整良好的心理状态。当然，效果是明显的，首先就是体质的改善，5 年来，她从未感冒，更重要的是“更开心了，生活更有动力了”，而她的目标是希望能够跑到 70 岁。

安徽淮南市民展示广场舞，倡导全民健身运动

可以说，健康文明的生活方式和生活理念，是美好生活的重要支撑。一个懂得生命真谛

的人，可以使孱弱的身体变得更加健康，丰富生命的内涵。生命是一个人的财富，健康是一个人的责任，我们每个中国人都要做自己最好的医生，共同托举起“健康中国”。

对于每个中国人而言，健康是构建我们幸福生活的基石；对于国家来讲，国民健康是综合国力的重要组成部分。党的十九大报告关于卫生和健康领域的新要求方向明确：更高水平的医疗服务、更安全的食品药品、更健康的生活方式……新时代人民群众关于健康生活的美好需要，呈现出多样化、多层次、多方面的特点。

于国，“健康中国”是新时代的国家战略，由一系列实实在在的健康事业所支撑。“健康中国”战略的提出，关系到推动国民健康政策的完善；关系到“病有所医”的实现；关系到推进医药卫生体制改革的纵深发展；关系到推动医疗卫生工作重心下移，医疗卫生资源下沉，为全民提供安全、有效、便捷的公共卫生和基本医疗服务，解决看病难、看病贵的问题；关系到食品安全监管制度的完善，保障人民“舌尖上的安全”。

于民，个人的身心健康、健康的生活方式、良好的健康素养，与社会及环境保持和谐友好的关系，直接关系到新时代人民的幸福感。世界卫生组织早在 1948 年就指出：健康不仅是没有病和不虚弱，而是身体、心理、社会功能三方面的完满状态。强健的体魄是身体健康的基础。国之运在于民之体。习近平总书记强调，推进健康中国建设不仅要以普及健康生活、优化健康服务、完善健康保障、建设健康环境、发展健康产业为重点，还要倡导健康文明的生活方式，树立大卫生、大健康的观念。

人人健康，人人幸福，是时代的呼唤，也是百姓的期盼。在新时代，广大人民群众的生活因“健康中国”而充满活力。各地以便民惠民为主轴，构筑起全民健康遍布城乡的“毛细血管”系统；举办健康讲座，普及健康生活方式；打通服务全民健身的“最后一公里”，构筑生活中的“15 分钟健身圈”。

健康的面孔更加红润。在浙江省江山市，群众的健康生活方式是一起来跳广场舞。每到傍晚 6 点，通过村民活动中心及各类民间舞蹈团体开展的“舞林大会”已成为惯例，逐渐积淀为乡土健康文化的新内涵。广场舞这项最具中国特色的运动，不仅丰富了中老年人群体的生活，而且已成为一项全民参与、全社会共同关注的民生工程。由此推广，从个体参与到形成风尚，“健康中国”战略正点亮万家灯火，正在强健民族筋骨、凝聚民族力量。

今天，你跳舞了吗？

六、绿色点靓美好生活

26. 苍穹下碧水绕青山

27. 居家如同逛公园

28. 河长制，河常治

29. 环保利剑在行动

30. 让绿色成为生活最靓底色

26. 苍穹下碧水绕青山

2012 年国务院发布《“十二五”国家战略性新兴产业发展规划》，提出“十二五”期间发展的七大战略性新兴产业，包括节能环保产业、新一代信息技术产业、生物产业、高端装备制造产业、新能源产业、新材料产业和新能源汽车产业，节能环保产业成为国家七大战略性新兴产业之首。自此以来，各项环保政策纷纷出台，环保立法逐渐规范和完善。2017 年，“十三五”规划、环保税、垃圾分类、“蓝天保卫战”、生态保护红线等各项政策不断推进，使 2017 年成为“环保丰收年”。碧水青山是党和政府对人民的关切和承诺。党的十九大报告指出，要坚持人与自然和谐共生，必须树立和践行绿水青山就是金山银山的理念，坚持节约资源和保护环境的基本国策，像对待生命一样对待生态环境，统筹山水林田湖草系统治理，实行最严格的生态环境保护制度，形成绿色发展方式和生活方式。

2017 年 12 月 5 日，在肯尼亚内毕罗，中国塞罕坝机械林场的建设者获得了联合国环保最高奖项“地球卫士奖”，全世界都为他们点赞；2018 年 3 月 1 日，他们登上了 2017 年度“感动中国”年度人物的舞台，在 13 亿人民的朋友圈中“霸屏”了。

塞罕坝机械林场的建设者之所以这么“红”，是因为他们怀揣一个“绿色”的梦想：将一个满是风雪、干旱、严寒和雨凇的“地球的伤口”改造为“河的源头、云的故乡、花的世界、林的海洋”。为了这个梦想，三代塞罕坝人吃苦克难，在美丽高岭上，坚守 55 年，留下了自己的汗水、青春甚至生命。

55 年，塞罕坝从人迹罕至的荒原变成了 112 万亩世界上面积最大的人工林；55 年，塞罕坝“从沙地变林海，让荒原成绿洲”。满头银发的塞罕坝林场退休职工陈彦娴，正值壮年的林场党委书记、场长刘海莹，“80 后”副场长于士涛，他们是三代老中青塞罕坝人先苦后甜的写照，是践行习近平总书记“绿水青山就是金山银山”理念的林场建设者的代表。

今年 74 岁的陈彦娴是第一代塞罕坝林场务林人，她是“六女上坝”的发起者。1964 年，19 岁的陈彦娴在承德二中上高三。快要毕业的时候，陈彦娴和同宿舍的甄瑞林、王晓霞、史德荣、李如意、王桂珍在一起谈理想，商量着如何为祖国建设贡献力量。她们听说塞罕坝正在开展大规模机械化造林，陈彦娴就鼓起勇气给塞罕坝刘文仕场长写了一封信。不到一个月，她们就收到了林场的回信，说欢迎她们去工作。就这样，她们放弃了高考，选择了塞罕坝。

从此，塞罕坝这所“大学”，她们一“读”就是一辈子。建场初期的塞罕坝林场，条件异常艰苦。房屋不够住，大家就想尽办法找住的地方。仓库、马棚、窝棚、干打垒、泥草房，都是他们的住所。夏天外面下大雨，屋里下小雨。最难熬的是冬天，最冷的时候能达到零下 40 摄氏度，“嗷嗷”叫的白毛风一刮，对面看不见人，行人也喘不过气来。炕上只铺有一层莜麦秸子，睡觉时也要戴上皮帽子，早上起来眉毛、帽子和被子上会落下一层霜。他们每天喝的是雪水、雨水和沟塘水，吃的是含有麦芒的黑莜面、土豆和咸菜。在艰苦的工作和生活条件下，不少人患上了心脑血管病、关节炎、风湿病。

六个女孩上坝后，全部被分到千层板林场，从基础工作干起。在这六个女孩的设想中，上坝后就可以开上拖拉机或其他机器，进行机械化造林工作了。陈彦娴没有想到，她们的第一个工作是在苗圃倒大粪。六个女孩不仅要忍受难闻的气味，还必须跟上大家的节奏，流水作业，转着圈儿地倒，不停走动。一天下来，六个人都累得腰酸腿痛。一些老工人笑着说，这几个女孩刚从学校过来，这些重活根本就干不了。六个女孩不服气，大家商量后决定：“别人怎么干，我们就怎么干，不信干不好！”此后，不管条件如何恶劣，她们几个始终没有抱怨过什么，坚持努力地克服困难，做到干啥也不比别人差。

六个女孩与男人一样，参与了上山伐树工作。她们在没过膝盖的大雪中伐树，将树枝拿绳子捆好，用肩膀拉着从山上向下滑。在凛冽的白毛风中，她们的脸、耳朵都冻得起了泡。经过上山伐树那一个多月的磨炼，上至林场领导，下到普通职工，都对她们刮目相看，开始佩服这几个来自城市的女孩。

1984年，刘海莹从河北林业专科学校毕业，舍弃了老家秦皇岛优越的工作条件，来到塞罕坝做了一名基层林场技术员。“我们上大学是国家免费培养的，毕业时国家包分配，听从组织安排是应该的。”在刘海莹看来，他到塞罕坝工作，没有任何理由，服从国家需要非常自然。

尽管当时的塞罕坝已经不再风沙弥漫、草木稀疏，但生产生活条件仍很艰苦。到基层林场去，大多数时候仍然要靠步行，能坐上马车、牛车算是幸福的。填饱肚子不成问题，可蔬菜仍是稀罕物，一年到头难得吃上几顿像样的饭。

有一次，刘海莹和技术人员一起背着仪器上山进行森林抚育作业设计，随身带的烧饼滚下了山。由于交通不便，他们只好空着肚子完成了全天工作。“这些真算不了什么，比起第一代塞罕坝人，我们的条件已经好多了。”刘海莹满足地说。

作为基层林场技术员，他每天工作在生产施工第一线，并迅速成长为技术中坚。走上领导岗位后，他积极开展科技创新和科学研究，并完善各项管理制度，为林场健康发展提供了制度保障。

“荒山造林，成活率不得低于85%，保存率不得低于80%。迹地造林，成活率不得低于95%，保存率不得低于90%。营林作业不能超面积，不能超采伐强度。严格控制旅游发展规模。”时任总场副场长张向忠和刘海莹是大学同学，他直言，在刘海莹等历任林场领导班子努力下，塞罕坝造林营林体系逐步完善，林场发展欣欣向荣。

2005 年，25 岁的于士涛来到塞罕坝，在这个偏僻艰苦的林场担任技术员，成为“林三代”。女友付立华曾经反对他到坝上工作，可 2006 年来到塞罕坝，这片浩瀚林海和塞罕坝人使她深受触动，“我意识到，在林场工作，虽然远离都市的繁华，但生命依然可以在这里发光出彩”。2011 年，中国林科院研究生毕业的付立华，放弃在大城市生活的机会，来到塞罕坝，与于士涛一起奋斗。

2017 年，表现出色的于士涛由分场的场长升任总场副场长。于士涛表示，第三代林场建设者要按照总场的工作要求继续攻坚。一方面，科学经营，把这片林子守护好；另一方面，是在那些山高坡陡、立地条件极差的地方“攻坚造林”，将森林覆盖率由目前的 80% 提升到 86% 的饱和值。

为什么三代塞罕坝人选择吃常人无法吃的苦？刘海莹说：“吃祖宗饭、断子孙粮不算能耐，还祖宗账、留子孙粮才算真本事。”塞罕坝的苦，大家都能看得见。老话说，苦尽甘来，那么塞罕坝的甜是什么呢？这 55 年来辛辛苦苦植的树，如何给塞罕坝人幸福？

在“感动中国”的领奖台上，当白岩松问到“塞罕坝的明天会怎样？”时，这位“林三代”无比坚定自信而又深情地说：“通过我

河北承德围场县，塞罕坝机械林场内超过百万亩的林海风光

们的努力和付出，把塞罕坝建设得更加美好，让我们的职工生活得更加幸福，在享受这种天蓝、地绿、水净的美好生活环境的同时，更加深刻地体会我们习总书记提出的绿水青山就是金山银山的理念。”

今天的塞罕坝，单位面积林木蓄积量达到全国人工林平均水平的 2.76 倍，全国森林平均水平的 1.58 倍，世界森林平均水平的 1.23 倍。如果将塞罕坝的树木按一米株距排开，可以绕地球赤道 12 圈。

目前，塞罕坝林场的 18.3 万吨造林碳汇正在挂牌出售。如果 475 吨碳汇全部实现交易，可获益 1 亿元人民币以上。除了经济效益，塞罕坝的这片森林也带来了巨大的生态效益。塞罕坝目前每年为京津地区输送净水 1.37 亿立方米，释放氧气 55 万吨。北京的沙尘天气从 20 世纪 50 年代的年均 56.2 天下降到现在的年均 10.1 天。在华北地区降水量普遍减少的情况下，当地年降水量反而增加 60 多毫米。周边区域小气候也有效改善，无霜期由 52 天增加至 64 天，年均大风天数由 83 天减少到 53 天。此外，塞罕坝目前有陆生野生脊椎动物 261 种、昆虫 660 种、植物 625 种、大型真菌 179 种，俨然是一座动植物基因宝库。中国林科院评估显示，塞罕坝的森林生态系统每年提供超过 120 亿元的生态服务价值。

不光如此，“为首都阻沙源、为京津涵水源”，塞罕坝的幸福成果还惠及京津。塞罕坝的生态地位非常重要，它处在内蒙古高原向华北山地及平原过渡带上，是滦河等多条河流的源头，对于阻挡北边风沙南侵，是一道不可或缺的生态屏障。浑善达克沙地与北京的直线距离仅有 180 公里，平均海拔 1000 多米，而北京的平均海拔仅 40 多米。有专家形象地指出，对于北京，“如果这个沙源阻挡不住，就相当于站在屋顶上向院子里扬沙子”。塞罕坝恰好处在那个能挡沙子的特殊地理位置上。如果说内蒙古浑善达克沙地与北京所处的华北平原之间隔着一道门的话，那么，塞罕坝就是那道门的门栓。

想要建设新时代苍穹下碧水绕青山的生活环境，就要形成人与自然和谐共生的现代化建设格局，加快建立健全以产业生态化和生态产业化为主体的生态经济体系，加快推动绿色化的发展方式，为建设美丽新时代提供永续的物质基础。

27. 居家如同逛公园

绿树村边合，青山郭外斜。这是小郝对美好生活的愿望。小郝希望他的家乡留得住诗意，载得住乡愁；他希望他的生活，不仅钱包鼓起来，日子红火起来，环境也要美起来。可喜的是，“花香鸟语、田园风光”这个美丽的梦想正在他的老家宿迁市泗阳县滚坝村开花结果。

春节前，在南京打工的小郝回到了老家。正月初三，小郝家里来了亲戚，他选择村内的空旷地，放了些烟花增加节日氛围。离开的时候，小郝将燃放后的烟花纸屑等清扫好，倒进了设置在路边的垃圾回收点。

这种垃圾回收点是近几年才出现在宿迁农村的。小郝家附近不到 300 平方米的范围内就有 3 处垃圾回收点，最近的一处离他家仅 100 米。

过去村里没设垃圾回收点，一些地方“垃圾主要靠风刮，污水主要靠风干”。村民一般选择离家近的池塘边、沟渠里或路边随意倾倒垃圾，无论能不能回收、有没有污染，几乎什么都往里扔。久而久之，这些地方就形成了一个一个的垃圾堆。除了树叶杂草、厨余垃圾、塑料制品，甚至还有一些电子产品、废弃家具、动物尸体等，把池塘污染得又黑又臭，行人路过都要捂着鼻子快走。此外，由于以前没有垃圾回收点，村民都是露天焚烧垃圾，气味相当难闻。池塘边的垃圾堆放多年无人清理，慢慢腐烂成臭泥。一到下雨天，臭泥随着污水流入池塘，天气一热，水面上蚊虫到处飞。

现在，经过环境治理，村里的居住环境焕然一新。为了保持村庄的干净整洁，村"两委"给每个组都安排了一名专职保洁人员。保洁人员除了负责将随意堆放的垃圾集中到垃圾回收点外，还要配合垃圾转运人员，及时清运回收点内的垃圾。自从有了垃圾回收点和保洁员，村里人慢慢养成了收集垃圾、定点投放的习惯，不再随地乱扔、乱堆。现在，池塘边的垃圾堆不仅消失了，池塘还被利用起来，由村民承包养鱼，创造收益。

事实上，宿迁滚坝村只是全国农村居住环境改善的一个缩影。在过去，农村环境整治是个老大难问题。"老"在多年陋习，"大"在千家万户，"难"在除旧布新。在部分农村地区，人居环境并没有跟随新房、新车的进入而得到相应的提升。

航拍江苏宿迁衲田花海

但是，垃圾围村和污水横流的景象都已是过去时，农村的现在时和将来时必然是一幅美丽的田园山水风光画。习近平总书记为留住美景和乡愁、建成美丽乡村发出了"总动员令""总号召令"，强调持续开展农村人居环境整治行动，打造美丽乡村，为老百姓留住鸟语花香田园风光。其中，消灭垃圾乱扔、污水乱排、柴草乱堆、旱厕简陋现象是农村人居环境整治的第一关键。2017 年 11 月，习近平总书记曾就推进"厕所革命"工作做出重要指示，强调厕所问题不是小事情，农村也要抓，要把这项工作作为乡村振兴战略的一项具体工作来推进，努力补齐这块影响群众生活品质的短板。2018 年 2 月 5 日，十九届中央全面深化改革领导小组第一次会议上审议通过《农村人居环境整治三年行动方案》。《方案》提出，到 2020 年，实现农村人居环境明显改善，村庄环境基本干净整洁有序，村民环境与健康意识普遍增强。

浙江“千村示范、万村整治”工程成了农村人居环境改善的有益参照和示范“样板”。从2003年到2018年，浙江省扎实推进“千村示范、万村整治”工程，累计有2.7万个建制村完成村庄整治建设，74%的农户厕所污水、厨房污水、洗涤污水得到有效治理，生活垃圾集中收集与有效处理实现建制村全覆盖，41%的建制村实施生活垃圾分类处理。

目前，全国农村人居环境正在逐步得到改善。截至2016年，全国农村生活垃圾处理率达到60%，预计到2020年，农村污水治理第一阶段任务即黑水（厕所污水）的全面治理完成。具体而言，东部地区要基本实现农村生活垃圾处置体系全覆盖，基本完成农村户用厕所无害化改造，厕所粪污基本得到处理或资源化利用，农村生活污水治理率明显提高；中西部地区力争实现90%左右的村庄生活垃圾得到治理，卫生厕所普及率达到85%左右，生活污水乱排乱放得到管控；地处偏远、经济欠发达等地区，在优先保障农民基本生活条件的基础上，实现人居环境干净整洁的基本要求。

环境就是民生，青山就是美丽，蓝天也是幸福。展望新时代，如何提高农村“颜值”，让新时代的乡村富起来、美起来，事关全面建成小康社会的成色，事关广大农民的获得感和幸福感，事关人民的美好生活需要。美好生活，离不开越来越鼓的“钱袋子”，同样离不开干净、整洁、有序的“美村子”。改善农村人居环境是农村走出环境污染和“脏乱差”困局的必然选择，是让农村人居环境“宜居、宜业、宜人”，留得住青山绿水，留得住乡愁，让农村真正美起来的题中应有之义。

当前农村人居环境存在的问题有四点。第一，重经济，轻环保，发展是短板。第二，重硬件，轻软件，意识是短板。目前农民生态环境保护的意识不强，绿色生产和发展的积极性不够，很大程度上制约着我国农村人居环境质量的提升。第三，重投入，轻管理，技术是短板。如何进行资金管理和基础设施维护，成为农村人居环境中的突出问题。第四，重眼前，轻长远，规划是短板。发展时出现注重眼前经济利益、忽视长远生态利益的现象，存在只解决表面现象、治标不治本的问题。

进入新时代，农村人居环境改善应该集中火力攻下的三个“碉堡”是农村垃圾处理、污水治理和村容村貌提升。破解农村垃圾处理难题，重点整治垃圾山、垃圾围村、工业污染“上山下乡”现象。开展厕所粪污治理，合理选择改厕模式，推进厕所革命，梯次推进农村生活污水治理。“一分部署、九分落实”。为政之道，忧无策，更忧有良策而不落实。行动方案有了，现在的关键就是稳步推进、层层落实。展望新时代，如何让美丽新农村从纸上跃入现实生活，才是千百万农村居民关心的话题。

美丽乡村建设要处理好“美”和“土”的关系，突出“乡愁特色”，把保留原生态村居风貌和引入现代元素结合起来，防止乡村景观城市化、西洋化。如果在推动人居环境整治时盲目追求西洋景观、城市风格，农民不可能舒适地生产与生活。这样的乡村，即便一尘不染也不会得到农民的认可，到这里寻找精神慰藉的城里人也一样会迷失。再者，条件不具备的地方切莫盲目攀比，更不能增加农民负担去搞所谓“一步到位”的“高标准”建设。不能搞“一刀切”，对地理条件差、居住分散的老村庄，可以采取修旧如旧、“穿衣戴帽”的办法。最后，要处理好“好看”和“好用”的关系，“好看”是手段，“好用”才是目的，人居环境改善是为了“生态宜居”，要警惕一些“看起来很美”，却不太方便、不尽实用的人居环境改善措施。

开展农村人居环境整治三年行动，顺应了广大农民群众过上美好生活的期待，是农村走出环境污染和“脏乱差”困局的必然选择。通过集中整治，让农村人居环境“宜居、宜业、宜人”，留得住青山绿水，留得住乡愁，让农村真正美起来，为如期实现全面建成小康社会目标打下坚实基础。

28. 河长制，河常治

天津人王玥在海河边住了快 30 年。他站在北安桥旁感慨："这河水，比前几年强多了，我小时候住在这附近的平房，后来拆迁，搬到了前边金刚桥附近的楼房，几年前买的婚房还是在海河附近。只要有时间，我都愿意在海河边溜达。"

同样的感慨来自从事海河河道、水面保洁的王建洲："海河的水质真是一年比一年好。以前捞完水藻，身上就像刷了一层绿漆。今个一天两趟打扫完，身上也不脏。"

大家口中的海河的改变，得益于"河长制"在天津水环境治理工作中的推进。2017 年纳入"河长制"管理的河道逐年增加，由 2013 年的 157 条（段）增加到 565 条（段），以前的垃圾河消失，黑臭河逐步消除，公众保护水环境意识大幅提升。

"河长制"的推广始于数年前的太湖蓝藻治理实践。"湖通南北澄冰鉴，山断东西列画屏。"江南美，最美不过太湖水。太湖的美让每一个过客都变成了归人。试想春和景明之时，面对太湖"波澜不惊，上下天光，一碧万顷；沙鸥翔集，锦鳞游泳，岸芷汀兰，郁郁青青"的景象，谁能不为之沉醉？谁能不为之倾倒？谁能不为之折腰？

人们把所有的赞美留在这首《太湖美》的歌谣里：

太湖美呀太湖美，美就美在太湖水

水上有白帆哪，水下有红菱哪

水边芦苇青，水底鱼虾肥

湖水织出灌溉网，稻香果香绕湖飞

2007 年 5 月 29 日，太湖上了头条和热搜，而这次却不是因为它的美。梅梁湾和贡湖湾交界的贡湖水厂发生了水源污染事件，污水进入贡湖水厂，自来水恶臭难当，不能洗澡，更不能饮用。除锡东水厂之外，其余占无锡市全市供水 70% 的水厂水质都被污染，影响到 200 万人口的生活饮用水。市民在恐慌中掀起了抢购饮用水的热潮，各大超市的纯净水、矿泉水被抢购一空。

很快，相关部门就锁定了事件的罪魁祸首——蓝藻。其实，蓝藻只是太湖病症的表象，危机的真正源头是遭到污染的水体。当时，太湖流域的饮用水源地水质以二类、三类为主，有 32% 的水体水质不能达到饮用水要求。其中，局部地方的饮用水源地水质全部劣于四类水体。蓝藻暴发的真正原因，看似天灾，实属人祸。从新安镇到马山镇，近 50 公里的太湖沿岸，密布着大大小小的船菜餐馆，餐厨污水未经处理直排入湖，环湖的小化工厂、印染厂等高污染企业的废水大量入湖，湖水发黑发臭。人们经过范蠡泛舟的蠡湖时，常常要捏着鼻子，或者干脆绕道走。湖水中度富营养化，导致蓝藻疯长。

无锡水危机，现象在水里，根子在岸上，人们为了金山银山，舍弃了绿水青山，走上了“先污染再治理”的老路。

监管是守护太湖的最后一道防线，然而这道防线失灵了。究其原因，正是“五龙治水，九龙戏水”。太湖流域水资源保护和水污染治理，涉及水利、环保、建设、农业、渔业、交通等多个部门。在这样的境况下，各部门谁还愿意干“污水治理”这个既得罪人又“费力不讨好”的苦差事呢？更何况，太湖水系河流密布，流域面积 50 平方公里以上的河流就有 599 条，1 平方公里以上的湖泊更有 127 个，哪条河哪个湖不达标，都可能影响太湖水。

水到底怎么治，怎么管？无锡市委开出了“河长制”的药方。可以说，水污染问题就是催生“河长制”的号角。从此“河长”这个新工种进入大家的视野。无锡市委和市政府明确指出：将河流断面水质的检测结果“纳入各市（县）、区党政主要负责人政绩考核内容”，“各市（县）、区不按期报告或拒报、谎报水质检测结果的，按照有关规定追究责任”。“河长”并不是无锡行政系列中的官职，刚开始也有人怀疑它只是行政领导新增的一个虚衔，是治理水环境的权宜之计，或者说是非常时期的非常之策。恰恰相反，衔是虚的不假，然而，这次治理可是动了真格、较了真劲。

“河长制”中，市委、市政府的主要领导担任主要河流的一级河长，有关部门的主要领导分别担任二级河长，相关镇的主要领导为三级河长，所在村的村干部为四级河长。各级河长分工履职，责权明确，形成了一连串的责任链，一个环节脱钩或不到位，将直接影响上一级政府领导的形象和声誉。整个自上而下、大大小小河长形成的体系，实现了与区域内河流的“无缝对接”，把行政力量发挥到了极致。此外，“河长制”强化河长是第一责任人，且固定对应具体的领导岗位。即使产生人事变动也不影响河长履职，避免了人治的弊病，保证了治河护河的连续性。

“河长制”如何让每一个河长都恪尽职守？法宝有二。一是政绩考核，建立问责机制，对治污不力者实行“一票否决”。二是社会监督。无锡市对镇级以上共 815 条河道制作和竖立了“河长制管理公示牌”。公示牌标明了河道基本情况、河长姓名和电话、河长职责等内容，竖立在河岸醒目位置，广泛接受来自社会的监督、投诉和举报。

“河长制”的实施，找到了打开困局的一把“金钥匙”，由地方党政主要领导担任河长，河长再将责任层层分解到河段长。主要领导站到了河流防治责任的最前端，责任很明确，推责无弹性，追责无人替，履责变刚性，工作由虚变实，变“九龙治水”为“河长治水”。2017 年年底太湖流域率先全面建立“河长制”体系。监测数据显示，太湖湖区整体水质已从劣Ⅴ类提升至Ⅴ类以上，富营养化程度有所减轻。从当年大规模暴发的蓝藻危机到如今水清岸绿，太湖终于能顺畅呼吸。

江苏省苏州市太湖美景

2016 年，“河长制”由地方实践上升为国家行动。中央立足国情、水情，做出了全面推广“河长制”的决策部署和顶层设计，中央全面深化改革领导小组第二十八次会议审议通过《关于全面推行河长制的意见》。2017 年，省市县乡四级工作方案全部出台，6 项配套制度基本建立，较既定目标分别提前了 5 个月和 2 个多月；95% 的区县和 92% 的乡镇印发实施了工作方案；省市县乡四级河长人数达 27 万名，其中省级河长 330 人，设立乡级及以上河长 31 万名、村级河长 62 万名；“湖长制”全面启动。在此基础上，2018 年将全面完成“河长制”“湖长制”改革任务。

“河长制”是一个催生河清水绿的可行制度。先行推行“河长制”的地区，取得了明显成效。浙江省 2013 年底开始结合污水防治，实行“河长制”，通过将近 4 年的努力，现在基本消除了黑臭水体，并且提出 2018 年底前要全面剿灭劣Ⅴ类水；福建省 2014 年开始推行“河长制”，现在全省 12 条主要河流水质保持为优级，Ⅰ～Ⅲ类水占 95% 以上，其中Ⅰ、Ⅱ类的优质水占到 50%。

全面推行“河长制”不仅是完善水治理体系、保障水安全的制度创新，而且是解决复杂水问题、维护河流健康生命的有效举措。随着一系列改革举措的落地生根，通过“河长制”促进“河常治”，“水清、河畅、岸绿、景美”的美好图景必将变为现实。

展望新时代，要做到河畅、水清、岸绿、景美，“河长制”就一定要重点抓住“河常治”这个“牛鼻子”。要想让“河长制”真正发挥作用，重点要落实在长期治理，要认识到“碧水保卫战”是一场攻坚战，只有进行时，没有完成时。

29. 环保利剑在行动

"这次环保督察动真格、办实事，把百姓反映的问题当成大事来办，身边的环境不断变好，我要给中央环保督察组点个赞！"这是青海省西宁市群众给中央第七环保督察组点赞叫好。

西宁市海湖新区湟水河湿地公园桥下，有一处正在营业的卡丁车赛车基地，其制造的噪音让这原本宁静怡人的好去处变得不和谐、不美丽。居民将这一噪声污染问题反映至中央第七环保督察组，中央第七环保督察组当日就将问题转交给地方查办。西宁火车西站办事处联合城北区委、区政府组成联合执法组，迅速到位，从严从快处理，连夜对卡丁车基地进行拆除，占地2000平方米的卡丁车赛场内的所有建筑被拆除，8000余只卡丁车轮胎清运完毕，同时对赛车基地周围的环境卫生进行了清理。湟水河湿地公园又成为居民晨练的好去处。

这绝不是孤例，大量群众身边看似不起眼的小事，却是中央环保督察组关心的大事；许多群众身边习以为常的"小污染"，却是中央环保督察组牵挂的"大问题"。中央环保督察组高度重视群众环保诉求，认真倾听民心民意，及时开通群众举报电话，设置举报信箱，快速移交环境问题与线索，跟进下沉督察，确保做到"查得细、办得快、管得严"。在第一轮中央环保督察期间，各督察组受理转办10余万件群众信访举报案件，其中最重要的一类是群众身边的环境污染"小事"，这类受理案件占比最高，约占总数的65%。虽然这些都是群众的"身边事"，像餐饮油烟、娱乐噪声、工地扬尘、生活污水和生活垃圾等，不管事件多小，只要涉及群众生活起居，在中央环保督察组眼中，都是民生大事。

中央环保督察组不仅能够倾听群众心声，快速办理群众身边环境污染小事，更敢于向环保大案动真碰硬。中央环保督察组对甘肃省祁连山国家级自然保护区生态环境问题的督察，正是中央环保督察制度敢于亮剑、敢于“扮黑脸”、勇于落实“宁要绿水青山、不要金山银山”的绿色发展理念的最生动和最有影响力的实践。祁连山是河西走廊的“母亲山”，祁连山的冰雪融水孕育了绿洲的生命之源——黑河和疏勒河，滋养着塞上江南广阔而丰饶的农田和牧场。但是，曾几何时，为了追求经济效益，为了追求“金山银山”，为了追求 GDP（国民生产总值），人们不顾环境保护，整个河西走廊的“母亲山”被破坏得遍体鳞伤。为了尽可能多地用水发电，黑河上的水电站冲破法律规定，几乎不放生态水；为了追求经济效益，石庙水电站作为国有企业，放弃了环保责任，在河边倾倒工业废物，并且使水源受到油料污染，导致这条“母亲河”成为“下水道”和“垃圾场”。

这一切，随着中央第七环保督察组刮起的“绿色问责风暴”而发生改变，祁连山的“生态破坏史”在新时代刹住了车，曾经积重难返的污染问题，已经被遏制住苗头，控制住趋势，为重现“不望祁连山顶雪，错将张掖认江南”的塞上美景开了一个好头。2017 年 2 月，中央第七环保督察组进驻祁连山，进行了 20 天的专项督察。督察组真督实察，最终核实，保护区内有 144 宗采矿、探矿项目，其中有 14 宗涉嫌违规违法审批；在祁连山域内河流上高强度开发水电项目，共建有 150 多座水电站，其中 42 座存在违规审批和未批先建等问题；水电站在设计、建设和运行中对生态流量考虑不足，导致下游河流出现减水甚至断流现象；部分企业环保投入严重不足，污染治理设施缺乏，甚至偷排偷放。

“动员千遍，不如问责一遍。”只有真正问责，才能为硬制度形成强约束；只有敢于通报、约谈和问责，才能让环保督察见实效，让“生态破坏史”和“环境污染史”变成“断代史”。为此，多名官员因为不作为、不担当、不碰硬而上了追责名单。

对于群众反映强烈的环保“老大难”问题，环保督察组坚决查处、绝不手软，对老百姓反映的身边存在的环境“小问题”，环保督察组也全力以赴、立查立改，真正做到了“长牙齿”、不留情面、不丢尾巴，用不到两年时间，对全国 31 个省区市存在的生态环境问题进行了一次全覆盖式督察。中央环保督察组向全国人民群众交上了一份满意的“环保答卷”，成就了“百姓点赞、中央肯定、地方支持、解决问题”的大好势头。一批长期难以解决的生态环境问题得到解决，一批长期想办而未办的事情得到落实，从而促进了各地的生态环境改善。2017 年，中央已经完成了第三、第四批对 15 个省份的环保督察，向地方交办的 7.2 万件环境信访举报基本办结，共问责 1.1 万人。前三批督察中 22 个省份整改方案所明确的 1532 项整改任务，已经完成 639 项。

祁连山生态环境修复治理有序进行，再现秀美山川

第一批中央环境保护督察“回头看”从 2018 年 5 月 30 日开始对 10 个省（区）实施督察进驻。如果将中央环保督察看作是对地方党委、政府、企业生态环境保护工作的全面体检、诊治，“回头看”则是“看病抓药”后的一次“复查”。一些地方长期重经济轻环保、重发展轻保护，将发展与环保对立起来，将政绩与民生割裂开来，关心的只是 GDP 数字增长，关心的只是地方经济排名的光环，无视群众环保诉求，漠视中央环保要求，已经形成了“GDP 思维路径依赖”，对环境督察整改进行“假整改”“文件式整改”和“口号式整改”，认为中央环保督察是一阵风，不去真正关心环保，不去认真解决污染问题。“回头看”就是针对“说起来重要、喊起来响亮、做起来挂空挡”的整改现象“动刀下药”“刮骨疗毒”，以强大的威慑

力督促“关键少数”在思想上“刨根究底”，彻底扭转GDP至上的政绩观；在行动中，一锤接着一锤敲，铁拳治理不松劲，切实推动彻底解决突出环境问题。在“回头看”中做到真追责、敢追责、严追责，无论是谁，不管级别多高，在生态环境保护问题上，只要越雷池一步，就必须受到问责。截至2018年6月14日，中央环保督察“回头看”6个督察组已经立案侦查75件，拘留58人，约谈365人，问责630人，真正做到了“一督到底、一察到位”。

进入新时代，人民群众的美好生活需要已经发生了深刻变化，过去“盼温饱”“求生存”，现在“盼环保”“求生态”，认识到环境美才能日子美，环境好才能生活好。要为人民群众留住青山绿水，要满足人民群众对环境美的需求，就必须坚守住环保督察这道最后的防线，环保督察和环境监管只有更严，没有最严，要敢于向闯生态红线的不规矩者“亮剑”，做到“抓铁有痕”。更重要的是，要想国家“颜值”越来越高，要想让“蓝天白云青山净水”成为我们生活的“新常态”，不仅要形成“不敢污”的高压态势，更要形成“不能污”和“不想污”的生态环保氛围，要让敢于“逾线者”成为过街老鼠，人人喊打。只有全社会同心协力一起行动，坚决打好、打胜污染防治攻坚战，解决好突出生态环境问题，才能还自然以宁静、和谐、美丽，以优质生态产品满足人民群众对优美生态环境的需要。

30. 让绿色成为生活最靓底色

人应该诗意地栖居在大地上。

2008 年，钱继良和他的朋友在浙江省湖州市德清县莫干山镇劳岭钓鱼时，相中了这里一幢废弃的民房，他们以一万多元的价格把它租了下来，历时两年，将这幢废弃的民房改建成为“西坡山乡度假酒店”的第一幢民宿。钱继良欣喜地请父母亲来庆祝，却被父亲毫不客气地泼了一瓢冷水：“这种地方的房子，谁会来住？”当时的德清尚“养在深闺人未识”，有谁会为了“诗和远方”跑来这不知名的田园呢？

然而，钱继良的梦想得到了城市客人的认同。“西坡山乡度假酒店”8 幢民宿的入住率高达 92%。要知道，这里的房价并不便宜，有的房间甚至比五星级酒店的房价高出两倍还多。显然，如此高昂的价格并不能阻挡客人的入住热情，有些房间的预订已经排到了半年以后，更夸张的是，有一个回头客在不到 4 年的时间里入住了 15 次。

钱继良的成功并不是一个孤例，“西坡”只是莫干山民宿的一个代表。2015 年以来，莫干山民宿成为红得发紫的新晋网红。莫干山被 CNN（美国有线电视新闻网）评为“除长城外，15 个必去的中国特色地方之一”。莫干山老屋中的老砖、旧瓦、夯土、泥巴墙和原木桌爆刷年轻人的朋友圈。最近，莫干山成为东方卫视综艺节目《青春旅社》的取景地，为莫干山民宿带来更大的点击量和更高的人气。莫干山民宿成了“梦想中的家”，成了“土时尚”的标杆。

莫干山民宿不仅仅有“红”色，而且还带有“金”色；不仅仅具有超高的人气，更是当地经济发展的聚宝盆，为当地居民带来了实实在在的真金白银。2017 年上半年，莫干山接待游客 126.3 万人次，同比增长 11%；旅游收入 12.2 亿元，同比增长 14.217%。其中，民宿接待游客 89.1 万人次，实现营业收入 8.2 亿元。

莫干山民宿也真正让莫干山居民的腰包鼓了起来，生活富了起来，日子美了起来。全镇现有中高端民宿 470 多家，经营收入、租赁收入和租金等直接收入高达 4.5 亿元，为当地居民提供就业岗位达到 5000 多个，带动返乡创业青年 3000 余人。莫干山居民人均收入年均增长率为 12%。

具有“江南一绝”之称的碧坞龙潭所在的仙潭村，是一个有 400 多户人家的小山村，已经开办各色民宿 100 多家。因莫干山民宿而致富的不仅仅是仙潭村，目前，莫干山镇出租房屋共计 180 余幢，平均每幢收入 4 万余元，总计年收入达 720 余万元。裸心谷、竹隐舍得、郡安里流转的土地大多数是荒山林地，但每亩流转费用却在 500~1000 元左右，平均每户因此能增加收入 2 万元左右。

莫干山镇为什么能够成为发展的幸运儿，既得人气，又得财气？因为这“红”色和“金”色的底色是“绿”色。“这 1000 多块钱的价格中，至少四成卖的是生态，四成卖的是服务，只有两成卖的是房间的硬件设施。”德清县委书记张晓强对钱继良“西坡”民宿高房价的点评一语道破“天机”。

问渠哪得清如许，为有源头活水来。莫干山民宿今天能将生态卖出如此高价，正是因为莫干山镇 12 年前就开始的坚守。12 年前，莫干山率先在浙江省实施生态补偿机制，至今已经投入 8000 万元，用于搬迁和关闭原有工业企业。莫干山镇关闭了所有的涉水排污企业和生猪畜禽养殖场，实现了农村生活垃圾全覆盖，生活污水处理农户达到95.6%。并且，德清县借助“五水共治[①]”“三改一拆[②]”“四边三化[③]”以及“和美家园建设”等项目，对环莫干山区域内的笋厂、氟石矿厂和竹拉丝企业进行专项整治。这些工业企业无疑是纳税大户和村民收入的来源，为什么德清县有这么大的勇气敢于对这些工业企业说不?

答案就在德清的邻县——浙江省湖州市安吉县。思想总是行动的先导，正如闪电总在雷鸣之前。2005年8月，时任浙江省委书记习近平到浙江省安吉县余村调研，首次提出了“绿水青山就是金山银山”的科学论断。可以说，“两山论”就是莫干山镇敢于告别过去的发展模式、走上新型发展之路的理论底气。

以往我们的经济发展囿于这样一种发展思维定式——经济发展与环境保护是一种“零和博弈”，二者不可得兼：高效率就等于高环境压力，大量生产就必然带来大量废弃；守着绿水青山就是守着贫困。在这样一种思维定式的影响下，不少地方以高污染、高能耗换取高GDP增长率，走上了“先污染后治理”的老路。于是，在经济发展取得巨大成就的同时，也付出了沉重的环境代价。2014年，在全国开展空气质量新标准监测的161个城市中，有145个城市空气质量不达标；在主要河流、湖泊设置的968个水质监测点的监测数据表明，有近四成水体被污染；土壤被铬、汞、铅、砷等重金属污染。“两山论”给我们的发展思维带来了新的突破：“绿水青山”是生态，是环境；“金山银山”是生存，是发展；一个“就是”将“绿水青山”和“金山银山”辩证地统一起来，我们既要“求生存”，又要“求生态”，“我们既要绿水青山，也要金山银山。宁要绿水青山，不要金山银山，而且绿水青山就是金山银山”。

党的十九大报告指出，我国社会主要矛盾已经转化为人民日益增长的

①五水共治：指治污水、防洪水、排涝水、保供水、抓节水。
②三改一拆：指旧住宅区、旧厂区、城中村改造和拆除违法建筑。
③四边三化：指在公路边、铁路边、河边、山边等区域开展洁化、绿化、美化行动。

浙江湖州余村“两山”景区的“绿水青山就是金山银山”石碑

美好生活需要和不平衡不充分的发展之间的矛盾。随着社会主要矛盾的转化，人民对美好生活的期待也发生了变化，人民对美好生活的向往不仅仅停留在物质层面，还对更干净的水、更清新的空气、更优美的环境有了更高的要求。人民的美好生活需要包含日子美和环境美的辩证统一，既要钱包鼓起来，又要环境美起来；既要“求温饱”，又要“盼环保”。因此，不能为了“温饱”忽略了环保，不能只顾环保不顾温饱，不能为了“钱包”，丢了环保。当然，守着绿水青山过穷日子也不叫美好生活，我们不是不要GDP，我们要的是绿色的GDP、干净的GDP。绿水青山本身就是金山银山，生态优势变成经济优势，这才是浑然一体、和谐统一的关系。

新时代，人民对美好生活已经形成这样的共识：生态资源丰富的地区，不能走以牺牲环境为代价换取发展的老路。让绿色成为生活的最靓底色，不仅仅要求绿色为美好生活“锦上添花”，更重要的是，要让美好生活在绿色的土壤上生根发芽。

新时代，人民对美好生活已经明确这样的追求：让环境美带来日子美。当前的一大挑战就是如何破解“富饶的贫困难题”：拥有丰富生态资源的地区，往往是经济发展的“洼地”；为保护生态，传统的“靠山吃山”“靠水吃水”的法子不能用了，按照以前的思维，现在可能面临着“有山不能开”“有水不能用”的境地。在拥有绿水青山的地方，如何掘得金山银山，如何科学地将生态优势转化为经济优势，莫干山镇抓住了民宿这块新“蓝海”，让莫干山民宿成为“点绿成金”的“灵丹妙药”，为绿色发展提供了“莫干山方案”。让环境美带来日子美，有以下几种“良方”：“既要绿水青山，又要金山银山”的发展理念；对于自然风光的保护和自然环境的“留白”；对于当地人文历史的保护和发掘；因地制宜，有什么样的山，就吃什么样的山；现代科技与自然环境的完美融合；等等。这些“良方”，有一个共同的目标：让绿色成为生活最靓底色！

七、百姓呼唤美好生活

31. 生活的诗和远方

32. 幸福的四口之家

33. 回得去的故乡，化得开的乡愁

34. “天眼”让我们更安全

35. 房子是用来住的

31. 生活的诗和远方

从前车马很慢，书信很远。如今飞机、高铁一日三乘，微信、邮件可以迅速回复。祖孙三代使用的交通工具，从自行车到摩托车再到小轿车，形象地描述了改革开放以来交通工具的演变过程。便捷的交通逐渐解放了人类的双脚。这只是交通出行变化的一个缩影，摆在我们面前的事实是，我国的交通建设和信息技术相比从前发生了翻天覆地的变化。

40 年前，城里的上班族骑上一辆“永久”牌自行车一定会引来众多人的围观和羡慕，拥有一辆自行车相当于现在拥有一辆轿车，都是结婚时的标配。为数不多的公交车，每天都是人满为患。还有拥挤的绿皮火车承载着多少人长途旅行的集体记忆，记录着几代人对梦想的追求。弹指一挥间，今天，走在大街上车如流水，交通工具多种多样，在繁华都市、县城乡镇，甚至是在田野乡间，知名品牌汽车会不经意间从人们身边驶过，遑论招手即停的出租车、不间断的公交和地铁等公共交通工具。

如今，追求“诗与远方”的时代已然到来。世界那么大，可以去看一看。如今，我国的铁路、公路、航海、航空、地铁等交通网络建设日趋完善，飞机、轮船、高铁、公交、私家车等交通工具迅速崛起，叫车软件以及共享单车迅速兴起，更是解决了出行的“最后一公里”问题。

截至 2004 年底，我国定期航班航线达到 1200 条，形成了联结国内 127 个城市、全球 38 个国家 80 个城市的航空运输网络。2006 年 7 月 1

日，青藏铁路全线通车。2007 年首列“和谐号”动车组列车正式运营，标志着中国铁路客运装备的技术水平达到了世界先进水平。2008 年 8 月 1 日，京津城际高速铁路开通运营，设计时速 350 公里，北京、天津两大直辖市间的交通时间由原来的 2 小时左右缩短至约 30 分钟。2008 年，快速公交系统（BRT）在全国各大城市出现。2010 年，20 多个城市开通了地铁。自 1971 年中国第一条地铁开通以来，截至 2017 年 12 月 31 日，中国内地累计有 34 个城市建成投运城轨线路 5021.7 公里。无论是每天乘坐地铁上班上学，还是周末搭乘地铁出游，地铁已经成为城市生活不可或缺的一部分。2016 年，无人驾驶汽车开始进入测试阶段。2017 年，中国投资 800 亿元于北京新建全球最大机场，规划建设 7 条跑道，满足年旅客吞吐量 1 亿人次需求，计划于 2019 年 7 月 15 日交付使用。上海首条胶轮路轨全自动无人驾驶 APM 线（旅客自动运输系统）——浦江线全长 6.7 公里，于 2018 年 3 月 31 日通车试运营。2018 年，中国铁路运营里程达 12.5 万公里，高速公路里程达 13.6 万公里，汽车总量约 3.1 亿辆，机场 230 座，航班 350 多万个。

中国的出行新场景越来越让人震撼。地铁覆盖全城、高铁联通全国、专车随叫随到、快递次日可达。出行的巨变场景和社会发展的成就图景即刻就能浮现在眼前。

得益于交通条件的巨大改变，旅游成了日常生活的一部分。20 世纪 80 年代，旅游是人们日常生活之外的另一个世界。

山西太原火车站购票大厅内，旅客通过手机扫描二维码支付的方式在自助网络购票机购票

偶尔有旅游的机会，出门踏青，看看附近的风光，或者乘坐绿皮火车，自带干粮，在旅游景区附近找个简陋的小旅馆落脚，每到一个景点，匆忙留下一张“到此一游”的照片，都是一种“奢侈”的休闲方式，足够让很多人羡慕不已。如今，路途遥远已经不是理由，“我和西藏之间，只隔着一张火车票”。背上行囊，来场说走就走的旅行，也已经不是梦想，旅游已经成为大众生活的日常选项。

工作了两年的小周，趁着十一黄金周，与几个朋友一起开启了一段说走就走的境外之旅。只要飞两三个小时就可抵达，甚至不需要很多行李，轻装上阵即可。定制旅游 App 就能帮忙解决酒店预订等烦琐问题。在日本定制旅行的几天里，她们逛了秋叶原，亲身体验传说中“御宅族”的天堂；去了东京必“打卡”的地点——浅草寺，品尝了五花八门的特产与小吃；逛了明治神宫，给心灵一次“净化”之旅……旅行把我们变成了“诗人”，美景让行人为之驻足，让心灵得到短暂的安宁。如今，国内旅游市场可谓相当火爆，尤其是在节日期间，各大旅游景点常常爆满，城市游、郊外游、乡村游，亲子游、家庭游、老人游，度假游、养生游，邮轮游、房车游……各地旅游业发展得如火如荼。

据国家旅游数据中心发布的数据显示，2017 年，国内旅游人数 50.01 亿人次，比上年同期增长 12.8%；入出境旅游总人数 2.7 亿人次，同比增长 3.7%；全年实现旅游总收入 5.4 万亿元，同比增长 15.1%。

交通方式的蝶变、旅行行业的兴起，表明在国内人均收入不断增长的同时，国民的消费也在不断升级。便捷的交通、境内境外的旅行，让“诗与远方”一般的生活成为现实。

国家统计局相关数据显示，2017 年，全国居民人均可支配收入 25974 元，比上年增长 9%。其中，城镇居民人均可支配收入 36396 元，增长 8.3%；农村居民人均可支配收入 13432 元，增长 8.6%。2017 年，全国居民人均消费支出 18322 元，比上年增长 7.1%。其中，城镇居民人均消费支出 24445 元，增长 5.9%；农村居民人均消费支出 10955 元，增长 8.1%。这表明居民收入持续增加，消费水平稳步增长，消费结构进一步升级。

党的十九大报告多次提及，作为拉动经济发展的“三驾马车”之一的“消费”，已连续三年成为经济首要动力。报告还鲜明提出了我国社会主要矛盾已经转化为人民日益增长的美好生活需要和不平衡不充分的发展之间的矛盾。这种矛盾的转变也体现了消费需求的转变。新时代，我国消费需求正步入快速发展的新车道，消费者更加注重生活品质及体验的提升，例如，交通、通信、旅游和休闲娱乐体验不断升级。

消费升级的根本是马斯洛需求层次理论演化的外在表现之一，它带来的是人们精神层面的更高需求。生活在物质充盈的美好时代，需要给精神“充充电”“补补钙”“施施料”，满足精神上的消费，生活不止眼前的苟且，还有诗和远方的田野。偶尔给自己订张车票去旅行，乘着车看看沿途的风景，暂时放下手边的琐碎事情，给心灵度个假。

有人说，选择旅行的交通方式，就像选择了旅行时不同的记录方式。选择飞机的时候就像壮志凌云的动作片；选择火车和地铁则像舒缓又悠长的充满长镜头的纪录片；选择单车就像是一首小清新的练习曲；选择行船就像是一部怀旧风格的文艺片……当旅行遇上交通，就像北京遇上西雅图一般，会碰撞出不一样的火花。便捷的交通为“诗与远方”提供可能，而出门旅行则让这种可能变为现实。适当给心灵放个假吧，乘着中国发展的快车，去追寻心中美好的“诗与远方”。

32. 幸福的四口之家

“80 后”小王一早刚踏进单位的电梯，就收到了同事们的祝福。国家实行全面两孩政策以来，小王家已经是单位第四个生“二孩”的家庭。不仅仅是“80 后”，“70 后”的不少家庭也趁着政策放开之际，给家里添新丁，四口之家洋溢着幸福和甜蜜。

我国是世界上人口最多的国家。从新中国成立之初到 20 世纪 70 年代初，我国人口由 5.4 亿骤增到 9 亿，人口处于无序增长和膨胀状态。人口过多、增长过快等因素直接影响经济社会的发展和人民生活水平的提高，也给环境带来巨大压力。继马寅初提出人口控制论之后，20 世纪 70 年代，国家逐渐开始重视计划生育工作，提倡晚婚晚育、少生优生，并在 1982 年将计划生育定为基本国策，写入宪法中。“一孩”化在全国全面实行，当时的家庭在孩子出生后，首先会去居委会办理“独生子女光荣证”，一个小红本象征着家庭为国家做了一份贡献，国家每月也会给实行计划生育的家庭发放独生子女费予以补偿。

幸福的四口之家

计划生育政策实行 30

多年来，大幅度降低了我国人口生育率，遏制了人口增长过快的势头，在当时是一项符合国家发展实际的基本国策。数年后，老龄化持续加速、人口红利逐渐消失、独生子女家庭骤增、人口性别比例失调、“空巢”和失独家庭增加等问题开始出现，逐渐与经济社会发展不相适应。为促进人口均衡发展，经过多年科学论证和试点，2015 年 12 月，第十二届全国人民代表大会常务委员会第十八次会议通过《关于修改〈中华人民共和国人口与计划生育法〉的决定》，自 2016 年 1 月 1 日起开始实行全面两孩政策。接着，中共中央、国务院发布《关于实施全面两孩政策　改革完善计划生育服务管理的决定》，对实施全面两孩政策、改革完善计划生育服务管理做出全面部署，中国正式进入全面两孩时代。

全面两孩政策放开的消息一经传出，便引起了全社会的关注，其热度值一度盘踞微博热搜榜首位。全面两孩政策的实行无疑给社会注入了新的生命力，不少家庭对政策表现出了热情，选择生育“二孩”，越来越多的四口之家开始出现。国家统计局数据显示，2017 年是全面两孩生育政策实施的第二年，也是政策效果完整显现的第一年。受政策效应影响，2016 年“二孩”出生数量大幅上升，明显高于“十二五”时期平均水平。2017 年“二孩”数量进一步上升至 883 万人，比 2016 年增加 162 万人；“二孩”占全部出生人口的 51.2%。从数据上看，全面两孩政策一定程度上缓解了当前人口不均衡、老龄化加速的现状，对于增加劳动人口占比、实现经济社会持续发展具有促进作用。具体到每一个家庭，很多父母在决定生“二孩”之前都经过深思熟虑。尤其是独生子女家庭环境长大的“80 后”父母，期待自己的孩子不再孤孤单单长大，有兄弟姐妹可以分享喜悦甜蜜和心事负担；当老了的时候，有更多的情感依靠，可以热热闹闹地享受子女陪伴。对于不少家庭而言，“二孩”的出生意味着可以儿女双全、子孙绕膝和人生圆满。对于一些失独家庭来说，“二孩”更是成为抚慰家庭伤痛的一剂良药。天津滨海新区爆炸事件中牺牲的英雄消防员蔡家远的母亲难以忍受失去唯一儿子的悲恸，决定通过试管婴儿技术高龄受孕，重新实现生命的延续。2016 年 8 月，蔡家远有了弟弟。这个新生儿不仅是整个家庭悲伤的出口，还是一对中年夫妻对自己老年生活的安排。

然而实际生活中，全面两孩政策仍然遭遇了寒潮。想不想生、能不能生、生了之后有没有能力抚养，是全面两孩政策实施后各个家庭思考的首要问题。每年春节回家的“人生终极拷问”，除了催婚、催生，又多了一个催“二孩”。家庭中多数老人的殷切盼望、日益加重的教育负担、托幼服务短缺、女性职业发展压力大等诸多因素使中青年父母对生育“二孩”望而却步。原国家卫生计生委预测 2017 年全面两孩政策实施，可以实现全年出生人口数量 2023 万至 2195 万的目标，但 2017 年实际出生人口 1723 万，比预测的最低值少了 300 万。

全面两孩政策实施后，人口的实际增长情况仍不容乐观。统计数据显示，2016 年和 2017 年全国的出生率分别为 12.95‰和 12.43‰。按照国际标准，低于 1.3% 被称为“超超低出生率”。2017 年，“二孩”已经成为全年出生人口的主力军，这是因为 2016 年全面两孩政策造成的堆积效应，这种效应将随着时间的推移逐步递减。根据我国 2010 年普查数据，15 岁至 49 岁育龄妇女人数的高峰期出现在 2011 年，达到约 3.82 亿，随后进入持续下降通道。2017 年育龄妇女人数比 2016 年减少 400 万人，其中 20 岁至 29 岁生育旺盛期育龄妇女人数同比减少近 600 万人。2018 年育龄妇女人数比上一年减少约 700 万人，生育旺盛期育龄妇女比上年减少约 420 万人。此外，在观念的转变、生活的压力等因素的综合作用下，居民生育意愿呈现走低局面。

我国已经进入老龄化社会，较低的生育率意味着今后一段时期内老龄化加深的趋势不会改变，这将对生活的各个方面以及养老保险体系带来很多冲击。预计到 2020 年，全国 60 岁以上老年人口将增加到 2.55 亿人左右，占总人口比重 17.8% 左右；高龄老年人将增加到 2900 万人左右，独居和“空巢”老年人将增加到 1.18 亿人左右，老年抚养比将提高到 28% 左右。实施全面两孩政策，是国家在面对老龄化社会时采取的积极应对措施。在中华传统文化熏陶下，人们的家庭观念较强，黄发垂髫、儿孙绕膝、天伦之乐，寥寥数字就能描绘出一幅幅温馨的家庭和睦画面。

人口是家庭幸福美满、社会健康持续、国家兴旺发达的重要因素。实施全面两孩政策对于人口增长有一定的刺激作用，许多家庭在力所能及的前提下，会积极响应生育两孩的政策。除此之外，我们还应看到，我国育龄妇女年龄结构、家庭经济承受能力、社会托幼养老公共设施的完善都是必须直面的问题。也许在一定时期内我国人口出生率会继续呈现低迷的状态，随着生育奖励假、护理假政策不断完善，增加普惠性幼儿园供给、鼓励社会力量举办幼儿园和托幼机构、减少对婚育妇女就业歧视等政策的出台，生育“二孩”的成本和压力将不断降低，人们的生育意愿也将随之提高。未来，相信在人口政策的倡导鼓励、社会环境的优化完善、公共服务供给的持续改善下，越来越多的可爱“天使”会降临到世界，越来越多的四口之家幸福地生活在光明灿烂的新时代！

33. 回得去的故乡，化得开的乡愁

2015 年春节期间，《一位博士生的返乡笔记：近年情更怯，春节回家看什么》一文在微信朋友圈、微博等社交媒体广泛传播。该文出自一位上海大学的博士生，文中记叙了他在春节回乡期间感受到的当前农村社会生活，对于乡村现状的描写十分令人触动，字里行间均流露出浓浓的乡愁。这种乡愁不是“独在异乡为异客，每逢佳节倍思亲”，而是在城镇化过程中，面对昔日的故乡净土、梦里的精神家园日渐凋敝而引发的伤感、慨叹。

有人说，农村曾是改革的发端，如今却被改革所遗忘。20 世纪 70 年代末，我国改革从农村起步，开启了改革开放的序幕。但由于城乡二元体制等因素影响，部分农村发展至今仍然相对滞后，城乡之间的差距依旧是横亘在中国社会的鸿沟。城市版图在不断扩张，乡村的景象却日渐凋敝，大批农民离开故土去往城市谋生，造就了中国历史上最大规模的城市移民潮。据国家统计局数据显示，到 2016 年，我国农民工总量达到 2.82 亿，其中进城农民工达 1.36 亿。随着大批农村青壮年劳动力进入城市，农村渐渐缺乏具有生机活力的建设者，在发展道路上前行缓慢，并逐渐落后于城市的发展速度。

农业、农村、农民问题是关系国计民生的根本性问题。“立政之本则存乎农”。党中央高度重视“三农”问题，早在 2005 年就提出了建设社会主义新农村的重大战略性举措。2004 年至 2017 年连续 14 年发布以“三农”为主题的中央一号文件，强调了“三农”问题在中国社会主义现代化时期“重中之重”的地位。2017 年 10 月，党的十九大提出实施乡村振兴战略，并提出了“产业兴旺、生态宜居、乡风文明、治理有效、生活富裕”的总要求。乡村振兴战略是对“三农”工作系列方针政策的继承和发展，也是新时代“三农”工作的总抓手。实施乡村振兴战略，需要做到推动农业产业现代化、建设美丽宜居新乡村、助力农民致富奔小康、筑牢城乡命运共同体。

江西省峡江县金坪民族乡新民村“一村一品”产业基地，果农正在采摘蜜橘上市销售

推动农业产业现代化是乡村振兴的基础。农业是国民经济的基础，乡村振兴的基础则是农业产业的现代化。在人多地少的基本国情前，应通过良种创新、生态储粮、深加工转化等技术创新，走以科技为支撑的内涵式现代农业发展道路，将中国人的饭碗牢牢掌握在自己人手中，实现从“吃得饱”到“吃得好”、从“广积粮”向“积好粮”跨越。土地问题是解决“三农”问题的核心。承包地所有权、承包权、经营权分置制度激活了农村土地的活力，给了农村老百姓一颗定心丸，解决了现代农业的资源配置问题。在此基础上，农业的产业体系、生产体系、经营体系进一步完善，新型经营主体发展迅速。数据显示，目前我国新型农业经营主体达到 280 万个，新型职业农民超过 1270 万人。农村的一、二、三产业融合发展加速，农业产业化经营中的“公司（企业）+ 农户”“公司（企业）+

基地＋农户”“订单农业”等模式不断推陈出新。此外，“互联网＋现代农业”的运作方式捧红了一批“网红”农产品，形成了如余慈杨梅、奉化水蜜桃、宁海枇杷、象山柑橘等地方特色农产品品牌，拓宽了农产品的销售渠道，大大提升了农业的生产效率与农产品的品质价值，真正实现了农产品“从枝头到舌头”“从田头到餐桌”。

建设美丽宜居新乡村是实施乡村振兴战略的一项重要任务。农村基础设施落后，公共服务缺失，居住环境状况不平衡，部分地区脏乱差，与全面建成小康社会要求和农民群众期盼还有较大差距。2018 年，中共中央办公厅、国务院办公厅印发了《农村人居环境整治三年行动方案》，提出加快推进农村人居环境整治，提升农村人居环境水平。近年来，通过农村“厕所革命”，乡村环境得到了极大改善，同时，部分村落已经实现了污水处理、垃圾处理、清洁取暖、生态振兴以及其他环境改造，成为宜居的美丽村庄。除了乡村硬件环境得到很大改善外，很多乡村也开始共同制定乡规民约，保护历史文化村落，倡导乡风文明，提升农民精神风貌。例如在辽宁丹东大梨树村，村民不赌博、不喝大酒，而是进阅览室、比赛书法、跳秧歌、组织庙会，惬意又从容。美丽乡村从“面子”美到“里子”，焕发出浓浓的生机活力，展现了乡土文明的精神风貌。

助力农民致富奔小康是实施乡村振兴战略的重要抓手。“小康不小康，关键看老乡”，没有农村的小康就不是全面的小康。国家统计局数据显示，2017 年城乡居民人均可支配收入比为 2.7∶1，年末农村贫困人口 3046 万人。农民问题的关键是就业和增收问题。农业的低附加值以及农业生产资料的增加，使得农民单靠种植、养殖等很难在第一产业的就业空间满足生活所需。因此，在改革开放的浪潮中，大量农民外出务工经商，到城镇、到非农产业就业。在农村三大产业融合加速的基础上，农村的新产业、新业态不断出现，农民的就业创业机会大量增加，就业空间不断拓展。一些农民通过互联网重新定义了耕种的含义，实现了创收。一种按照消费者的要求或者高标准进行全程农产品个性化定制的生产模式正逐渐成为时尚，分为全托管、半托管、自养等不同套餐。合作社通过网络直播等方式，向网友推荐这种原生态、无污染的农产品种养方式。网友可以根据自己的喜好选择田地和想种植的农作物，这一切信息交流都通过网络完成。全国各地的网友都有可能成为农田的“地主”，网友下单成为“地主”后，合作社负责按照“地主”的喜好种植和培育农产品。农产品成熟的时节，合作社通过发达的物流体系将新鲜的农产品寄给“地主”，圆了在钢筋水泥城市里拼搏的人的都市田园梦。一些农民通过电商、网购、乡村旅游、乡村养老等新业态实现了不离村、不依靠耕地，就地创业增收。

筑牢城乡命运共同体是实施乡村振兴战略的新蓝图。2017 年末，我国城镇化率攀升到 58.5%。伴随着农村青壮年的流失，农村老龄化、“空心”化等现象不容忽视。城市和乡村是一个命运共同体，二者应实现可持续发展，彼此相互支撑，衰败的乡村绝对烘托不出繁荣的城市。党的十九大报告提出要坚持农业农村优先发展的新理念。新时代，要促进城乡基本公共服务均等化，以城带乡，以乡促城，解决城乡之间发展不平衡不充分的矛盾。例如浙江省以培育中心镇、中心村等方式统筹城乡发展的基础节点，以推进基本公共服务均等化为有效载体，引导城镇基础设施和公共服务设施向农村延伸，辐射带动周边行政村。

“年深外境犹吾境，日久他乡即故乡。”当我们带着对美好生活的向往，离开家门走向外面的世界，故乡的记忆日渐模糊。然而叶落归根，人不能没有根，萦绕在亿万中国人心头的家乡记忆、乡土情怀依旧是中华儿女的情感皈依。新时代的号角已经吹响，现代化的巨轮向前滚动，我们的根在何处，家在何方？衰败的乡村绝不是故乡的归处。坚持走中国特色社会主义乡村振兴之路，让我们的故乡日益美丽，让我们对故乡的记忆日益丰满，让故乡的人们都生活在富足和谐的环境里，让漂泊在外的游子想起故乡时都不再忧心那一片净土的衰败和消失，让游子们说起故乡时都津津乐道于故乡农业强、农村美、农民富的新面貌。那个时候，游子们的乡愁里不再有悲伤，只有对故乡满满的思念和祝福。

34.“天眼”让我们更安全

日常生活中，“天眼”系统、“天眼”监控、“天眼”风险等平台、项目、系统悄无声息地隐身于大众当中，在交通管制、社区监控、商业安全等领域发挥着重要作用，它们已经成为保障老百姓安全、维护社会治安、建设平安中国不可或缺的“防护网”。

“天眼”最初因为科幻电影《速度与激情》的热播被人们所认识。电影里，“天眼”系统不仅能够调用世界上所有互联的监控摄像头实时捕捉特定信息，还可以通过面部来识别人的具体信息。不管你在哪里、在做什么，只要接触到电子设备及产品，“天眼”就能迅速找到你。

如今，电影中的想象已悄然成为现实，“天眼”系统已广泛使用于我国交通监管领域。2017

湖北省秭归县客运车辆动态监控中心，交警和运管人员通过“4G动态实时视频监控系统”巡查客运车辆运行情况

年 4 月，中国的“天眼”系统正式在江苏苏州启用，上线试用后仅 9 天时间，就处理了 2902 起违章。这套“天眼”系统全称为“海燕车辆二次分析系统”，简称为“海燕”系统。类似“海燕”的“天眼”系统也早已在北京、深圳、广州等诸多城市使用。这项技术通过高清摄像头采集图像信息，然后交由处理系统进行二次处理。“海燕”拍到一张驾驶人和车辆的图片，就能立刻显示出车牌是多少、车标是什么、车辆是什么型号、车的颜色、前排驾驶员特征等信息。所有识别出的信息会交给后台进行分析处理。驾驶员打电话，违章！驾驶员没有系安全带，违章！车型与车牌不符合，可疑！车辆颜色与登记颜色不符合，可疑！诸如此类。

“天眼”系统有助于减少交通事故造成的生命财产损失，保护交通安全。道路交通安全事故不仅给人们的生命财产安全造成损失，还对社会造成很大的负面影响。而“天眼”系统交通管制技术的使用能有效减少追尾、剐蹭行人、疲劳驾驶、超速超载、酒后驾驶等违规违法现象的发生，从而降低交通事故造成的人员伤害和经济损失。装上交通监管系统能更准确、及时地纠正错误，提高出行安全、维护交通秩序以及追凶查案。“天眼”系统为维护社会治安、保障市民生命财产安全增添了一道保护线，极大地提升了人民的安全感和幸福感。

社会治安视频监控系统推动平安社会建设。近年来，我国各地公安机关按照党中央的指示，全方位地开展社会治安视频监控系统建设，借助高科技来提高公安机关警务工作能力，弥补公安警力不足，提升治安管理能力。目前我国许多市县以及农村地区逐渐安装各类治安监控“探头”，逐步实现监控全覆盖，俗称为“天眼”监控。例如，江苏省盐都市盐都区警方注重监控建设打造“千里眼”，开展社会面视频监控升级改造及补盲项目，构建一张全域覆盖、全时可用、全程掌控的空中监控大网，全区接入大数据指挥服务中心的探头 4422 个。广东省云浮市新兴县委、县人民政府按照广东省公安厅、云浮市公安局的统一部署，高度重视治安视频监控系统建设，运用现代信息技术，通过建设智能监控平台，在全县各主要路口、街道和公共活动场所等重要位置，包括银行、学校、医院等地，分别安装高清摄像头，进行实时监视、联网布控、快速响应、信息共享，达到了监控、震慑、防范与打击并重的综合管理效能目标。公安机关可通过网格化社会服务管理平台调取监控视频录像、报警录像、摘要录像、车辆卡口图片、人脸抓拍图片、报警抓拍图片等数据，实现有效信息快速提取，缩短查阅时间，提高案件视频侦查效率，助力各类案件快速侦破。据统计，2017 年新兴县共接报违法犯罪警情 1642 起，同比下降 42.98%，全县共立刑事案件 1325 宗，侦破 737 宗，与上年同比，立案下降 5.89%，破案上升 4.10%，群众安全感和公安工作满意度逐年提升。2017 年，在广东省开展的“飓风 2017”专项打击整治行动中，新兴县综合发挥“视频 + 网侦”技术优势，摸排和深挖案件网上网下线索，不断拓展和创新案件侦查及管控方式，精确打击了各类违法犯罪活动，侦破刑事案件 490 宗。无处不在的“天眼”像个安全管家，随时监控犯罪分子，给犯罪分子戴上“金箍”，给老百姓出行添加“防护罩”，时刻守护着新兴县的安全。

“天眼”还与诈骗分子斗智斗勇，帮助民警破案，为我们的安全保驾护航。麒麟伪基站实时检测系统，是反电信网络诈骗领域的“天眼”。麒麟系统是基于大数据和机器学习的方法，配合精准的 LBS（基于位置服务）技术，实时定位全国的伪基站传播轨迹，从而协助公安部门进行打击和抓捕，并跟进恶意网站和 APK（安卓安装包）制作者，从源头进行打击和控制，最终降低用户受害概率。现在它不仅可以实时发现在运动中的伪基站，还能直观地看到伪基站的聚类传播区域和伪基站的实时运动轨迹，攻克了伪基站不定时下线、难以追踪的难题。麒麟系统自 2016 年使用以来，在北京、上海、深圳的实践中效果显著，协助北京警方抓获犯罪嫌疑人 107 名，破案 72 起，扣押 77 套伪基站设备；协助深圳公安抓获犯罪嫌疑人 110 名，打掉 13 个团伙，缴获伪基站 59 套、作案轿车 43 台、电动车 4 台；协助上海警方抓获伪基站犯罪嫌疑人 141 名，缴获设备 121 套；协助广州警方打掉伪基站犯罪团伙 10 个，抓获犯罪嫌疑人 17 名，缴获伪基站 11 套，短信群发器 2 套，作案车辆 7 台。

“天眼”逐渐实现升级，从商业调查工具升级成为商业安全工具。以“查公司、查老板、查关系”核心功能为市场所熟知的商业调查工具“天眼查”于 2017 年正式上线“天眼”风险功能，几乎覆盖了企业经营过程中可能涉及的各种风险，主要包括法律诉讼、失信公司、被执行公司、经营异常、行政处罚查询、严重违法、股权出质、动产抵押 8 大类。用户可以非常便捷地检测出公司或自然人的经营“健康值”，从而高效预测商业风险。

如今，“天眼查”用户已经超过 1 亿。“天眼”风险是基于对关系的深层挖掘，能实时查询通过关系传递的商业风险，及时演算出可能受影响的公司或老板，辅助用户判断与决策，及时规避风险。对于金融从业者、律师和记者等专业人士，使用“天眼”风险能一键掌握企业经营最新状况，在前期的公司尽职调查中，高效评估和预知潜在风险；在后期的风险管控中，全息把控被投企业的经营状况。对于销售、采购等商务人士，初次合作时，可以通过“天眼”风险快速查看公司自身风险；后期深度合作时，及时知晓公司和老板风险动态，了解潜在关联风险，减少信息不对称，保障合作权益与账款安全。

社会治安的好坏不仅关系到千家万户的平安，还与经济社会的发展息息相关，是平安中国建设的“晴雨表”。党的十九大报告强调，要加快社会治安防控体系建设，切实提高维护公共安全能力水平，保护人民群众的人身权、财产权、人格权，这对新时代良好社会风气的形成提出了更高要求。如今，“天眼”已经逐步遍及社区、交通、商业等领域，保障着个人和公共安全，扛起了构建新时代良好社会风气的责任，是加强社会治安防控的重要一环。我们相信，未来“天眼”的前景无可限量，会开拓出更大的空间、发挥出更大的效用，为维护社会治安、建设平安中国增添浓墨重彩的一笔，也让我们的生活更加具有安全感、获得感、幸福感。

35. 房子是用来住的

80 岁的喻望香老奶奶在许愿时，表示生活无比美好，想要再活 20 年。如今，不只是喻奶奶感到幸福，还有无数人正在步入新时代的美好生活。在湖北省武汉市青山区，除喻奶奶外，幸福还洋溢在 75 岁吴传发老人原创的“湖北慢板”的乐声中，洋溢在青和居社区广场每一位大妈轻松欢快的舞步中，洋溢在工人村每一位居民的眉梢眼角、欢声笑语中……

是什么让青山区的工人感到“稳稳的幸福”？一个很重要的原因是他们住有所居的梦想实现了。他们想要的幸福很简单，幸福就是告别“屋外下大雨、屋里下小雨”“出门一身泥、进门半屋水”的窘境，就是告别在下雨天看着裸露的电线提心吊胆害怕出事的日子，就是告别在大夏天因为顾忌用电安全而无法安装空调以致整天生活在“蒸笼”的日子。20 世纪 50 年代武钢建设大会战时期随丈夫来到青山区的陈阿姨，当时临时搭了一个不过 20 多平方米的棚子用来落脚，这个棚子一住就是 58 年。家里只有四间房，全部是单砖码砌、石棉瓦铺盖屋顶，最里面是两间卧室，最外面就是灶间。就是这样的情况，依然好于青山区大部分居民。在这样的住房里，出门就能看到屋顶，电线都用胶带缠绕在屋檐下走线，而屋顶是漏雨的。家家都是高门槛、矮板凳，少见几张高座椅。这些高门槛用来挡雨挡水，当汛期暴雨来临时积水就会漫进屋，家家户户都要“防汛抗洪”，都蹲在门口朝外舀水。至于为什么只有矮板凳，因为窝棚里实在放不下一把椅子。这些房子，在白天，因为进深较长，加之只有前后两个窗户，因此阳光成为最难得的“奢侈品”。在棚户区家庭，少有独立卫生间，只有公共厕所，这些公厕隔两三年就会重新装修一次，相较于年久失修的住房，棚户区最豪华的建筑就是公共厕所。

俱往矣，美好生活，还看今朝。得益于棚改政策，棚户区的人们获得了实实在在的福利。喻奶奶和吴大爷的家已经旧貌换新颜。青山区棚户区改造在 2007 年到 2011 年的 5 年时间里，已经让 1.1 万户棚户区居民告别低矮简陋的棚户搬进新居。2016 年完成第二期棚户区改造工程，让 2500 余户棚户区家庭顺利住进新居。他们终于能生活在有“日头”的房子里，获得了棚户区改造带来的实实在在的福利。青和居社区已于 2015 年 12 月完成棚户区改造，如今的青和居社区已是高楼林立、环境优美、配套齐全的现代化社区。

一家新开盘的楼盘前，众多购房者现场咨询

衙斋卧听萧萧竹，疑是民间疾苦声。党和国家历来高度重视群众住房问题，进入新时代，党中央“咬定青山不放松”，绝不让“住房难、房价高”等问题成为增进人民群众幸福感和获得感的“拦路虎”和“绊脚石”。习近平总书记在主持中共中央政治局第十次集体学习时表明了党中央的决心：人民群众对实现住有所居充满期待，我们必须下更大决心、花更大气力解决好住房发展中存在的各种问题。并在十九大中庄严承诺，坚持房子是用来住的、不是用来炒的定位，加快建立多主体供给、多渠道保障、租购并举的住房制度，让全体人民住有所居。党中央为实现人民群众住有所居的梦想特地制定了“路线图”——总的方向是构建以政府为主提供基本保障、以市场为主满足多层次需求的住房供应体系，处理好政府提供公共服务和市场化的关系、住房发展的经济功能和社会功能的关系、住房保障和防止福利陷阱的关系。针对部分群众因为收入水平低等原因面临住房困难的情况，习近平总书记特地强调政府必须“补好位”，为困难群众提供基本住房保障。

近5年来，我国住房发展取得巨大成就。2016年全国人均住房建筑面积为40.8平方米，其中，城镇居民人均住房面积为36.6平方米，农村居民人均住房面积为45.8平方米。近5年来，棚户区改造大力推进，有6000多万棚户区居民出棚进楼。同时公租房保障能力显著提升，有1900多万住房困难的群众住进了公租房。截至2017年末，北京市保障性住房施工面积4277.5万平方米，占全市新建商品房施工面积的33.9%，比2016年提高3.7个百分点，北京市保障性住房销售面积267万平方米，占全市新建商品房销售面积的30.5%，比2016年提高12.6个百分点。房地产调控成效显现，房地产市场总体保持稳定，坚持“房子是用来住的不是用来炒的”定位，坚持分类调控，因城因地施策，落实地方政府主体责任，出台一系列有针对性的措施稳定市场。目前，一线城市和部分热点二线城市新建商品住宅价格同比涨幅回落，三线四线城市的房价也趋于稳定。同时住建部正在进行12个大中城市住房租赁试点工作，支持北京、上海市积极探索发展共有产权住房。2018年8月3日，深圳市政府正式发布《关于深化住房制度改革　加快建立多主体供给多渠道保障租购并举的住房供应与保障体系的意见》，备受关注的深圳房改新政大锤正式落下。

自2017年出台严格的限购政策后，外地人买房途径基本已被堵死。2018年6月28日，住建部等7部委决定在全国30个城市开展治理房地产市场乱象专项行动，厦门、福州均在这30城之列。在此背景下，7月1日，福建省稳定房地产市场联席会议出台《房地产行业监管“十不准”行为规范》；7 月 8 日，厦门发文遏制投机炒房，未来厦门新开楼盘或将采用公证摇号。可以看出，福建楼市调控再次步入新阶段，“房住不炒”进入关键期。

展望新时代，如何让住房回归居住本义、让房地产市场形成稳定健康发展的长效机制，成为保障人民群众“住有所居”目标实现的发力点。培养住房租赁市场，使住房租赁成为与住房销售并重的住房市场支柱，既是妥善解决过去住房体系失衡、住房制度缺陷的现实要求，也是满足人民美好生活需要的民生工程，是使房子回归居住属性，坚持“房子是用来住的、不是用来炒的”定位的“大招”。

就目前而言，“购”的一端过于火热，“租”的一端过于冷落，形成了“重售轻租”的住房市场格局。供给住房资源的另一种形式——租赁住房则是一个明显的短板，在我国往往成了“过渡”“无奈”和“最后的选项”，“有钱就买，没钱才租”。习近平总书记指出，规范住房租赁市场和抑制房地产泡沫，是实现住有所居的重大民生工程。在当前，一些城市住房供给“重售轻租”的积弊仍然存在，住房租赁市场发育不充分、租赁关系不稳定、管理不规范、权益不清晰，买房成了新市民增加安全感、融入感、成功感的“华山一条路”。因此，培育发展住房租赁市场不是一时之计、一时之策，而是实现房地产市场健康发展的长远制度安排。这就需要政策制定方跳出楼市阶段性调控的惯性思维，着眼于城市化进程、大规模人口转移、城市劳动力供应等长远趋势，多策并举、建章立制，形成长远的制度安排。同时还要看到，培育发展住房租赁市场是一个系统工程，还需要做好各方面的配套制度建设。这其中的一个重要方面，就是强化监管机制，防止形成新的寻租地带。另一个重要问题，是提升租赁住房的配套服务水平，只有让租赁住房的配套设施建设不低于同地段商品住房，才能让租赁住房具有与购买住房同等的吸引力。

距离我们并不遥远的棚户区，已经成为青山区居民的回忆，如今只能从照片中感受当时生活的艰辛。青山区工人村旧貌换新颜，曾经的窝棚变成了今日的乐园。随着国家一系列住房保障政策的实施，我们欣喜地看到，房子离资本炒作越来越远，离安居乐业越来越近。

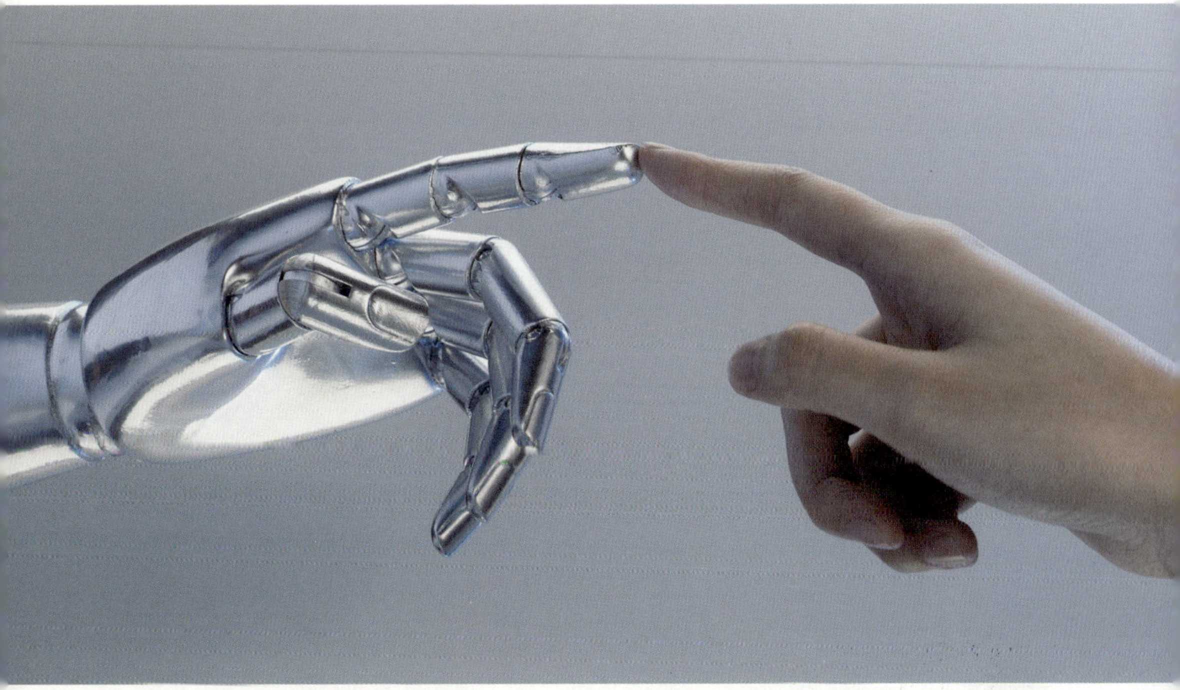

八、创新引领美好生活

36. 幸福“快递”到万家

家住安华西里社区的彭老太太又收到了快递件。现在，收快递已成为她生活中的常事，这些快递，大多是她的儿女和孙辈们给她和老伴购买的各种生活用品。彭老太太的儿女们都没在身边，一年难得回两次家。他们为表孝心，经常买些东西通过快递寄给老人家。这两年，“咚咚咚”的敲门声和送货的快递小哥，便成了她非常熟悉的声音和非常熟悉的人，也成了她和老伴生活中不可或缺的一部分。

据统计，自 2017 年 5 月以来，我国已经进入单日快递“亿件时代”，每天超过 1 亿件的快件被送入千家万户。电商快递正在深刻影响国家经济社会发展，也融入了无数个人、无数家庭的生活。以前，人们常说“开门七件事，柴米油盐酱醋茶”。随着快递服务需求的快速增长，收快递已经成为百姓生活的

忙碌的快递分拣间

“第八件事”。

然而在 20 世纪 70 年代，我国居民无论买什么都得凭票。粮票、布票、煤票、火柴票、食用油票等，覆盖了吃穿住行的方方面面，还要赶在商家来货的时间去买，几乎每次都得排很长的队。改革开放后，国家物产逐渐丰富，80 年代末 90 年代初，各种票证逐渐退出历史舞台，人们无须凭票证购物，可以在超市自由选购。从凭票购物到自由选购，极大地方便了人们的生活。

“收快递”与以往的这些购物方式比起来，更显得轻松、便捷和高效。近些年来，网购与高铁、支付宝、共享单车频繁被外媒点赞，被称为中国的“新四大发明”。互联网、电子商务、交通物流、移动支付等领域的技术创新和高速发展，创造了一个个奇迹，对百姓生活产生了深刻和广泛的影响，同时也创造出许多新的生产和生活方式，为百姓生活带来了极大便利。

电商、快递物流已成为新的经济增长方式。2015 年以来，国家密集出台了促进电商和快递物流行业健康持续发展的意见，营造了电商和快递物流发展的良好环境。在“互联网 +”的战略推动和国家的大力支持倡导下，电商物流发展迅猛，引发了新的投资热潮，成为经济发展新的增长点。2011 年至 2017 年，全国快递业务量由 36.7 亿件猛增到 400.6 亿件，业务收入累计完成 4957.1 亿元。2014 年，我国的快递业务收入首度超过美国，已连续三年稳居世界第一。

电商、快递物流拉动了新的消费需求。我国电商平台类型多元，覆盖面越来越广，除了购物，还逐渐向旅游、民宿、维修、家政、美容美发等方面拓展。一些大型企业纷纷推出国际电商平台，如天猫国际、京东全球购、聚美优品等，向百姓“输入”护肤品、家电、奢侈品等消费品，同时也把我国的华为手机、“老干妈”、辣条、回力鞋等产品“输出”给国外消费者。据阿里研究院数据统计，2017 年“双 11”，仅天猫商城当天的总成交额就达到 1682 亿元，支付峰值达 25.6 万笔 / 秒，产生的物流订单量达到 8.12 亿单！人民日益增长的美好生活需要与高速发展的电商物流业，共同培育出世界上一个全新的消费群体。京东推出“2 小时极速达”等高效配送业务；阿里巴巴推广打造“3 公里理想生活圈”新零售物流；顺丰开展无人机送快递服务，解决偏远地区的配送问题。

电商、快递物流为大众创业、万众创新提供了平台。电商、快递物流发展让许多年轻人圆了“老板梦”，“淘宝村”就是生动鲜活的案例。淘宝村是指活跃网店数量达到当地家庭户数 10% 以上、电子商务年交易额达到 1000 万元以上的村庄。淘宝店低成本、低技术、低门槛的特征，吸引了越来越多的外出务工人员和农村青年返乡创业。

浙江省台州市温岭横径村原来以种甘蔗为主，被人称为“甘蔗村”，如今的横径村已经成为有名的淘宝村。2013 年，村里大量农田被征用，由于房屋拆建，一部分村民盖起了通天式新房或小洋房，却因此欠下外债，经济压力很大。村干部们合计，温岭鞋厂多，对民房进行集中改造后出租给制鞋企业和淘宝店，不怕没收入。渐渐地，村民们也做起了淘宝电商，不仅还清了建房时欠的债，还买了车，日子过得越来越好。近年来，温岭开始进行鞋业整治，统一规划建设鞋业小微电商园区。电商园区的建设，又进一步推动了当地淘宝业务的发展。

与电商行业发展相伴相生，快递物流发展迅速，创造了大量的灵活就业机会和增收创业渠道。李克强总理曾多次点赞快递行业，称赞“快递行业发展之迅速，带动就业之多，远远超出我们的想象”。

电商、快递物流帮助了大量贫困人口脱贫致富。在“精准扶贫”首倡地——花垣县十八洞村，2016 年电商服务中心的收入已占全村收入的一半。这里的村民家家户户都养鸡，这里的鸡自由放养，因此肉质好，营养价值高。为了在电商平台推广，村民将自己家的鸡在山野里觅食奔跑、回窝下蛋等场景进行直播，让网民直观地感受到这里的鸡纯天然无污染，结果一边直播一边就有人下单付款。而在过去，这里的村民需要提着竹篮走出大山，将鸡和鸡蛋拿到集市上去卖，一个鸡蛋只能卖一块钱。十八洞村的猪也从来不喂饲料，一头猪长成要一年的时间，宰杀后挂在厨房熏上一年，这样地道的腊肉尤其受网民欢迎。这种腊肉真空包装放在苏宁、淘宝、京东上卖，一年可卖一万多斤。

电商和快递物流为新时代人民的美好生活增添了浓墨重彩的一笔，它不仅是“快递”价廉质优的商品服务，更是“快递”幸福到千家万户！

37. 今天流行共享经济

工作结束后，和往常一样，小杨拿起手机点开网约车 App，设置顺风车的行程。如今，“出行之前看一眼”已经成为小杨的习惯性动作。作为车主的小杨，目前已在网约车软件上接了近 300 单。上下班一起拼座已经成了小杨生活中的一种乐趣，不仅可以分担油费，又能减少碳排放，还能结识不同行业的朋友。顺风车给小杨带来了无数奇妙的旅程。

近几年来，共享经济迅速发展起来，并成功地进入人们的视野，成为新兴经济领域热门的话题。它以社交网络为纽带，运用互联网技术，在供需之间实现资源共享，强调“使用权高于所有权”和“不使用即浪费”，成了各类友好型经济、信任型经济、体验型经济、WE 众经济等多种经济的融合体。

当前，我国已成为共享经济的创新者和引领者。根据尼尔森研究调查结果，中国是世界上最渴望共享经济的国家。2015 年以来，国家颁布了多个关于发展共享经济的指导意见和实施方案。党的十九大报告指出，发展共享经济是贯彻新发展理念、深化供给侧结构性改革的重要举措。共享经济正在成为中国经济发展和社会进步的新动力，我国共享经济的实践也走在世界前列。据统计，截至 2017 年底，全球 224 家独角兽企业中有中国企业 60 家，其中具有典型共享经济属性的中国企业高达 31 家。

共享经济模式已渗透生活、知识、技能、服务等多个领域，未来将迎来开放、协作、共享、创新的新经济时代。通过互联网将人与服务连接起来，在提升体验和效能的同时，满足了人们个性化需求。美国《时代周刊》将共享经济评为“改变世界的十大创意”之一，它正加速席卷全球，深刻影响和改变我们生活的世界。

近年来，网约车已经成为一种不可忽视的出行方式。网约车的崛起成为世界上非常大规模的共享经济实践，并已在全球400余座城市为4.5亿用户提供出租车召车、专车、快车、顺风车、代驾、巴士、企业约车等出行技术服务。2015年，滴滴平台共完成14.3亿个订单，成为全球仅次于淘宝的第二大在线交易平台。人们开始享受轻点手机、提前预约、优质服务的网约车时代。

一些共享汽车企业创造了分时租赁、车辆共享、整车租赁的出行新模式。车辆不需要人员值守，用车只需在App上操作，汽车即取即用，可按个人用车需求预订车辆，这种租车服务为没有车的人们提供了更加便捷、经济的出行方式。率先涉足共享出行的是北汽，旗下GreenGo的推出吹响了共享汽车的号角，尤其是2015年春节“闹京城”免费用车活动吸引了各大媒体和投资者的关注。随即其他共享汽车品牌陆续走进大家的视线，遍布整个北京城。之后的这几年里，北汽集团针对社会需求多样化、人群复杂化和消费差异化的特点，又相继推出了多个分时租赁品牌，同时又打造了全新的出行服务平台，为社会出行提供解决方案。

住宿领域的共享打造了一个个具有人情味的社交住宿社区。住房共享平台聚集了大量世界范围内闲置的房源，类型丰富，风格各异，既有普通民宿，也有隐于都市的四合院、花园洋房、百年老建筑，别具匠心的绿皮火车房、森林木屋、星空房等也囊括其中，为人们旅游住宿提供了方便安全、更具特色的体验。无数拥有多套住房的个人在共享平台上体会到创业的乐趣，收获了可喜的经济效益，享受了信任和人情的回馈。根据国家信息中心数据显示，2016 年中国住房分享市场交易额为 243 亿元，提供住房分享服务的人数约 200 万人，参与住房分享活动的人数约 3500 万人。

类似共享充电宝、共享雨伞等无数个实物分享的新创意不断提出。分享已经不止于实物，知识、技能、劳务等领域的分享更是异军突起，改变了人们的工作方式和生产组织形式。知识分享平台通过语音问答、直播、短视频等形式，吸引着一大批具备专业知识的人参与平台，利用零散时间分享和传播知识。最具代表性的是“在行 & 分答”，通过“在行”，任何领域内存有疑惑和未知的人，都可在支付一定费用后，与大名鼎鼎的行家面对面真切交谈，听其答疑解惑，传授经验知识。“在行”的旗下纯线上产品——“分答”，则首创线上付费语音问答机制，有需求者付费邀约某行家后，后者以语音形式回答问题。这对线下线上“双胞胎”，利用分享经济让知识传授变得更加有趣，也让知识更值钱。“在行”和“分答”这种打破旧有受时空和社会环境限制的知识传授模式，受到空前热捧。目前，超过一万名行家入驻，每日交易 800 次，赢得多位知名资方巨额融资；“分答”在一个多月内收获全年最高热议度，吸引了演艺、经济等领域知名、权威人士加入，并传来“上线 24 天获得过亿美金估值”的市场热议。与此类似，“运满满”“货拉拉”等劳务众包平台吸引了大量具备一些基本技能、拥有闲暇时间的人从事劳务分享。除此之外，共享经济还渗透到工业领域。一些共享平台如雨后春笋般崛起，致力于实现订单共享、协同生产。

共享经济为大众就业创业创造了新的机会。一方面，共享经济吸纳了大量劳动力，提供了丰富多元、门槛较低的就业渠道，更是就业的“蓄水池”和“稳定器”。数据显示，2017 年我国参与共享经济活动的人数超过 7 亿人，参与提供服务的人数约 7000 万人。仅“滴滴出行”单个平台已经为去产能行业（煤炭、钢铁、水泥、化工、有色金属等）职工提供了 393.1 万个工作和收入机会，为复员、转业军人提供了 178 万个工作和收入机会，帮助 133 万失业人员和 137 万零就业家庭在平台上实现再就业。

另一方面，共享经济为“多重职业”发展提供了很好的支撑，创新了人们的工作方式。共享平台让全球成百上千万人拥有了第二份甚至更多份收入。越来越多的年轻人不再满足于“单一职业”，而转向“斜杠青年”，开始利用多种多样的共享平台，选择能够拥有多重职业和身份的多元生活，过上更自主、多元化、有趣味，同时又能经济独立的生活。

共享经济不仅是解决我国经济社会发展主要矛盾的重要抓手，更在全世界掀起了一场存量革命，政府相关职能部门也在逐步完善对共享经济的监管和立法。“赠人玫瑰，手有余香。”处于共享经济的时代浪潮中，今天，你分享了吗？

38. 欢迎来到智能时代

2017 年 5 月，“中国乌镇 · 围棋峰会”上，人工智能系统 AlphaGo Master 与人类世界实时排名第一的棋手柯洁展开围棋人机巅峰对战，柯洁最终以 0:3 惨败，人工智能再一次胜出！人机围棋大战作为人工智能应用的缩影，充分展示了人工智能的神奇魅力，为人类打开了未来世界的大门。

人工智能已经成为当前国际竞争的新焦点，是引领未来的战略性技术。我国高度重视发展人工智能，并将发展人工智能上升为国家战略。自 2015 年以来，国家出台了多个关于人工智能的指导意见和实施方案，并将人工智能写进党的十九大报告，作为贯彻新发展理念、建设现代化经济体系的重要举措之一。政府的积极推动和企业的创新引领，使我国成为世界上人工智能行动较早、发展较快的国家之一，位列全球人工智能第一梯队。截至 2017 年 6 月底，我国人工智能相关企业共计 592 家，全球排名第二。

人工智能带动新的技术和产业革命，广泛应用于制造、金融、汽车、物流、能源、零售、航天、卫生保健、媒体和娱乐、政府管理等领域，成为推动产业转型升级和深化供给侧改革的强大动力，是实现“中国制造 2025”、跻身创新性国家前列的关键要素。人工智能大幅度提高了劳动生产率，创新了生产和组织方式，给人们的生产生活带来了翻天覆地的变化！

阿尔法巴智能驾驶公交全球首次在深圳开放道路试运行

人类进入智慧出行时代。无人驾驶技术日渐成熟，无人驾驶汽车正从科幻电影中的场景道具驶向现实，成功彰显大国崛起的步调。株洲及其他很多城市都进行了无人驾驶汽车上路测试，部分无人驾驶技术已经应用在量产车以及公共交通用车上。2017 年 6 月，京东的无人快递车在中国人民大学进行首单送货；2017 年 12 月，4 台搭载了“阿尔法巴智能驾驶公交系统”的电动巴士在深圳福田保税区首发试运行，车上的司机基本无需进行任何操作，主要行使监控车辆职责，非紧急情况完全不用扶方向盘；除夕之夜，由百度 Apollo 无人车组成的百余辆“国家队”车辆在港珠澳大桥震撼开跑，在无人驾驶模式下完成“8”字交叉跑等复杂动作，惊艳亮相 2018 年中央电视台春节联欢晚会；2018 年 3 月，上海发放了全国首批 3 张智能网联汽车开放道路测试号牌，无人驾驶汽车开启了正式上路的征程。想象未来的出行，没有方向盘、油门、刹车、挡杆，没有驾驶员座位，这样的一辆汽车可以自动识别障碍物并进行躲避，自行规划最佳路线，自行辨别红绿灯，完成安全驾驶。这就是人工智能带来的别样的无忧出行新方式。

人工智能推动了智能制造的崛起，工业机器人应用加速。东莞、佛山、深圳、上海等城市相继出现“无人工厂”。秦皇岛市一家生产水饺的工厂，几千平方米的厂房内看不到一个员工，而是由气动抓手、分拣机器人、码垛机器人等工业机器人组成流水线；阿里菜鸟网络智慧仓内上百台机器人既协同合作又独立运行；京东昆山无人分拣中心在全球首次实现仓配流程中整个分拣环节的无人操作。人工智能将人们从单调枯燥、重复繁重的流水线工作上解放出来，让人们有更多的时间从事更具创造性、更有附加值的工作，同时也降低了企业的人力成本。

智能新零售惠及广大群众。在传统实体店的老板还在完善移动支付或者采用机器人服务的时候，无人超市、无人餐厅等新形态已经开始吸引人们的眼球，改变人们的生活方式。阿里巴巴的天猫无人超市，无人运营，无人结账，充满未来感，消费者只需扫码进入超市，挑选完需要的商品，站在“happy购”区域，便可完成打折及结账。上方的摄像头还能够捕捉顾客的表情，根据“情绪幅度”给出不同的折扣，最终通过刷脸自动支付。阿里巴巴在杭州推出了我国第一家无人智慧餐厅——五芳斋，没有一个点菜员、没有收银员，全程智能点餐，刷脸支付，吃完就走。腾讯联合德克士在上海推出第一家无人自助式餐厅，所有的操作均在微信端进行，微信扫描—手机点单—窗口取餐，整个流程没有任何使用门槛。

智能家居逐步实现全覆盖。苹果的HomeKit、华为的Hilink协议、小米的Smart Things、海尔的U+智慧生活平台、美的的M-Smart平台等智能家居平台逐步成熟，扫地机器人等家居机器人广泛应用，为人们提供更加舒适、便捷、健康的生活形态。机器人按照主人的安排自动提醒每天的日程安排、气温、空气指数、路况等相关信息，让人们的家居生活更加便捷舒适，既智能又有温度。

医疗服务开启智慧时代。人工智能技术和健康大数据结合，不断提高医疗服务的智能化水平，已经在辅助诊断、基因检测、个性化治疗、远程医疗、病患及老年智能看护等领域开始探索和应用。“觅影”是腾讯首个应用在医学领域的人工智能产品，通过人工智能技术辅助医生诊断食管癌、早期肺癌、糖尿病性视网膜病变、乳腺癌等严重疾病和早期筛查，医生从此获得了一个不间断服务的专家助手。有了“觅影”，即使一个乡村卫生院的医生，也能运用该系统的诊断提醒，获得跟资深专家较为一致的诊断效果。达·芬奇手术系统等手术机器人的应用，极大增强了手术的准确度和控制程度；康复机器人等医疗机器人和服务机器人，则为病患和老人看护以及辅助治疗提供帮助。

人工智能打造未来智慧城市。单个领域的人工智能技术应用已不适应未来城市的发展，开放融合的智慧城市引导未来！德勤于 2018 年 2 月发布的报告显示，全球已启动或在建的智慧城市达 1000 多个，从在建数量来看，中国以 500 个试点城市居于首位。人工智能技术在建设智慧城市的过程中，类似于给城市装了一个大脑，有助于创新城市管理方式，提高城市管理水平。2016 年，阿里开启杭州“城市大脑”计划，“城市大脑”的内核采用阿里云 ET 人工智能技术，可以对整个城市进行全局实时分析，自动调配公共资源，修正城市运行中的缺陷。在一项试点项目中，“城市大脑”通过智能调节红绿灯，车辆通行速度最高提升了 11%。北京、上海、南昌等地火车站启用人脸识别系统，“刷脸进站”仅需 3 秒；深圳铁路警方组成“机器人警察编队”，为春运保驾护航。2017 年，部分智慧城市开发的智慧城管、海信平安城市、智慧城市服务平台、电梯“黑匣子”、智慧路灯、“慧停车”智能停车系统、人脸识别门禁等 10 项创意被《互联网周刊》评为中国最具创意的智慧城市智能终端。我国的人工智能技术大量“出海”，新加坡、马来西亚等国家的城市也纷纷装上了中国的“城市大脑”。未来，人们生活在智慧城市，出行更加方便安全，环境更加宜居舒适，人身安全更加无虞，生活更加美好。

创新是引领发展的第一动力，是建设现代化经济体系的战略支撑。人工智能是人类历史上的重大革命性技术进步，在推动经济繁荣、改善人民生活、革新就业形态、创新管理方式、保障国家安全等方面具有重要战略意义。谁能引领人工智能，谁就掌握人类的未来！我们要以更自信、更成熟、更睿智的姿态拥抱智能时代！

39. 加个好友吧

聊语音、刷朋友圈、随时随地给亲朋好友留言点赞，66 岁的陈奶奶将微信玩得不亦乐乎。微信帮陈奶奶顺利度过了一段非常难熬的时期。陈奶奶说：“去年生病住院，孩子们不能全天陪我，就教我学会了用微信。在微信群里和亲友聊天，他们给了我很多力量，用时髦的话来说，‘我不是一个人在战斗’，网络传真情啊！相比以前，用微信沟通真的方便多了。尤其是老年人，眼神不好，输入法也用得不熟。微信上可以聊语音，按住说话、抬手就发送，非常方便。”陈奶奶还展示了微信里加入的各种兴趣爱好群和家庭群。陈奶奶说，有什么事在群里通知一声，大伙儿就都知道了，省得挨个打电话，感觉亲朋好友的关系更近了。

在学习使用微信的老人

智能手机的普及和移动互联网的迅猛发展，带来了移动社交的爆发式增长。2017 年 11 月 9 日，微信团队在成都腾讯全球合作伙伴大会上发布了《2017

微信数据报告》。据统计，2017 年 9 月，平均每天有 9.02 亿人登录，其中活跃老年用户达 5 亿。1 月至 9 月，日发送消息次数达 380 亿次，日发送语音次数达 61 亿次。可以说，对大部分人而言，微信、QQ 等及时通信软件已经成为生活的必备。

智能手机和移动互联网的发展打破了社交空间和时间壁垒，只需支付少许流量费用，人们就可以通过及时通信软件用文字、图片、视频等自由地交流，真正实现了“随时随地”。相比之前的电话、电子邮件，及时通信软件更能让身处异地的家人、同学、朋友体会到通信的便捷。

2017 年，一张农民工在上海地铁站“蹭网”的照片火了。照片里的农民工是来自河南的葛师傅。葛师傅独自在外打工，每天早起来到工地附近的地铁站，用免费的 WiFi（无线保真，英文 wireless fidelity 的缩写）和家人视频。小小的手机屏幕那头，是他远隔千里之外日思夜想的亲人。随着城市移动通信公共服务设施的改善，WiFi 覆盖区域越来越广，使得及时通信的成本也越来越低，几近于免费。这对于目前打电话、发短信都需要交费的手机用户而言，无疑是一个很大的吸引。

除了与朋友、家人沟通互动，社交软件也成为大家获取新闻资讯、关注热点话题的重要渠道。从人人网、校园网、QQ 空间到腾讯微博、新浪微博，基于同学、好友关系的社交模式越来越突出。

传统媒体时代，信息内容的传播主要是大众传播，人们主要通过媒体机构获取信息。而在微博、微信这样的社交媒体出现之后，信息内容的传播方式发生了巨大变化，每个人、每个机构都是一个媒体，可以分享自己的动态，也可以通过其他账号发布的消息知道他人的动态。

微博一直都是各类重大、突发新闻事件的发布源头。每逢社会重大、突发事件，新浪微博的内容发送量都会出现显著上涨。除了“广场”“热搜”等热点内容，大量信息通过人与人之间的“关注”“被关注”联结，节点式地层层传播开来，每个人都可以成为传播途径的一个节点。社会化媒体的传播方式覆盖面广、速度快。信息的接收者基于对发布者的了解和信任，更容易接受对方发布的信息。

社交带来不同社群的聚集，有相同需求和喜好的人会不自觉地聚集到一起，互相分享、讨论。

“大V店”是一家定位为妈妈社群的电商平台，通过妈妈社群的传播，为妈妈用户提供课程、商品、社交服务。妈妈会员既是消费者，也是传播者，她们在微信群里讨论亲子话题，参与在线课程，分享优质商品，也组织发起各种线上线下的互动。她们可以邀请朋友成为会员，也可以成为顾问，为其他妈妈提供商品和课程咨询，获得相应收入。平台把维护用户关系、提高用户活跃度和黏性的工作都交给了用户自己，用户在线上线下的社交活动中，逐渐被触达和转化。

“想给孩子买个爬行垫，大家有没有推荐的，一定要环保健康没有味道的。”莎莎在一个宝妈群里发了一条信息。不一会儿就有宝妈回复：“买XXX吧，我们家用了两年了，没啥味道，宝贝很喜欢在上面玩。”后面还不忘贴心地附上了购买链接。

“给孩子买的东西，不能只看商家的宣传，一定要看实际使用的体验，我们这个群有60多个宝妈，大家经常交流育儿心得，并推荐自己使用感受比较好的育儿产品。”莎莎认真地说。

“我邻居经常用”“我朋友已经买了”“XX网红推荐”，类似这样的产品推荐语在社交平台上的效果非常好。基于社交关系的信用背书，用户的购买转化非常自然。伴随社交工具的普及，以及具有场景自然、天然信任、流量低价的优势，社交电商越来越频繁地深入每个人的生活。

可以说，依托社交关系发展的社交电商，以其推荐信息内容化、流量场景碎片化、推广渠道媒体化、用户管理大数据化等特点，相比传统电商，在渠道深度、品类广度和流通速度上都具有独特优势。社交电商提升了消费者对线上购物路径的信任度，产业规模不断发展壮大。2017年社交电商从业人员规模约为2018.8万人，社交电商行业的参与者逐步覆盖社交网络的每一个领域。

在移动社交时代，通过微博、微信管理政务，解决民众问题是很多地方政府创新社会管理模式的举措。2018 年 2 月 26 日 9 时 33 分，湖南公安官方微博值班编辑李星发现一条来自日本的求助私信。一位网友在日本轻井泽旅游时，孩子护照被偷，请求湖南省公安厅帮助核实信息，以便能及时回国。李星立即回复，并随即与湖南省公安厅人口与出入境管理局取得了联系。16 时 18 分，网友发来旅行证的图片，问题已经得到圆满解决。网友对湖南公安的鼎力相助表示感谢，他说："在最需要的时候你们给了我们一家信心与支持，让我们觉得非常温暖。"

政务微博在政府与民众之间构筑了一个沟通平台。它让公众及时了解事实真相，满足公众的知情权，避免不实信息的流传；有助于政府决策科学化，也有助于处理突发事件、化解谣言、维护社会稳定。

从 20 世纪末猫扑、天涯社区等论坛出现开始，到现在的微信、微博、QQ 等移动社交应用的普及，我国社交网络经历了近 20 年的发展，实现了从最初的以展现信息、发布信息为主，向移动化、多元化、兴趣化不断发展。新的时代，人人都是自媒体，人人都拥有麦克风。

网络社交在不断发展、完善和普及，人们在习惯这种社交方式的同时，也培养出更强的辨别和分析能力。在党和政府的支持和引导下，整个网络社交环境正日益纯净、规范和美好。网络社交不仅影响人与人之间的交流方式，而且对经济、政治、社会、文化、新闻传播等诸多领域也带来全方位的影响。通过一部智能手机，就可以打开新世界的大门，打开无限生活空间，从而更轻松地享受新时代的美好生活。

40. 出门不用带钱包

对于在北京工作的林静来说，日常生活已经很少使用现金，有了移动支付后，走到哪儿都很方便。出门不用带钱包，只要带上手机扫一扫！小吃店的老板李莉，自从移动支付技术兴起后，她就在店里张贴了微信和支付宝的收款码，顾客扫码付钱，既方便快捷，双方又不用担心现金不够和找零的问题。如今移动支付不只是年轻人的专属品，爷爷奶奶们用得也不差，移动支付的受欢迎程度超乎想象。家住北京市昌平区天鑫家园的李大妈每天早上到附近的菜摊去买菜，挑好菜再用手机付款，全程不需要一分钱的现金。深感便利的李大妈，连春节给孙女的红包都是通过微信支付。

青岛武夷山路农贸市场，一位市民在用手机扫码支付蔬菜款

现今，很多人可以轻装出门上班，从此不用带钱包，还能避免找零的麻烦。移动支付大大减轻人们的出行负担，给人们的生活带来极大的便利和影响。

伴随移动支付的迅猛发展，“扫一扫”正逐渐成为中国人生活中常见的词汇。数据显示，截至 2017 年 10 月底，我国移动支付交易规模近 150 万亿元，居全球首位。支付宝全民账单显示，2017 年全国 5.2 亿支付宝用户的移动支付占比为 82%。从 2013 年的 55.45 亿笔，到 2016 年的 1228.6 亿笔，这几年，我国移动支付业务的发展十分迅速。作为“新四大发明”之一，移动支付已经改变了国人的生活。

移动支付不是城市的专利，在中国的广大乡村，扫二维码也逐渐成为主要付款方式。自从微信、支付宝等移动支付方式进入小镇，居民的生活也大变样。过去，挑着担子进城卖货的小贩经常要到周边的商铺兑换零钱，才能顺利地收钱找零。现在的镇子上，无论是路边摊还是大大小小的商铺，都摆上了扫码支付用的二维码。山东济宁的杨女士退休后在老家的乡镇开了一家日用品小店，初期只能现金交易，经常有顾客因没有带够现金而无法购物。在儿子的帮助下，杨女士开通了微信支付，现在“叮叮”的付款声在小店里响个不停。有了微信支付，生意比以前好了很多，还省了数钱找零的时间，非常方便。对于科技进步带来的实惠，杨女士的欣喜溢于言表。

除了付款方式的改变，移动支付在人们日常生活中的应用场景也越来越多。2017 年 9 月，北京易通行 App 率先在机场线开通扫码过闸功能。地铁乘客只需下载 App，开通“二维码乘车”后绑定支付宝，无须购买实体票就能坐地铁。整个过程非常快，从扫码到闸机门打开不到一秒钟。截至 2018 年 6 月底，全国 29 个联网省份共有收费站 8815 个，ETC（高速公路电子不停车收费）专用车道 17744 条，MTC（公路半自动车道收费系统）车道 58075 条，混合车道 2770 条。ETC 用户约 6653 万，其中客车用户为 6204.4 万，占 ETC 用户总量的 93.25%；货车用户约为 448.8 万，占用户总量的 6.75%。利用 ETC 等新技术代替人工收费方式，进一步提高了车辆通行效率，大大降低了物流成本，提高了物流效率。随时、随地、随身的特点，让移动支付在小额、快捷、便民的支付领域迅猛推进，从公共交通、旅游、菜场、便利店，到医疗、签证、游戏点卡、油卡代充、违章罚款等功能，中国移动支付生态圈正逐步形成。

不仅仅是便利，相比于现金或刷卡交易，移动支付的安全性也更具优势。信用卡在手里，也存在被复制和盗刷的风险；相比而言，只要管住手机，移动支付就比较安全。为了保障移动支付的安全，中国三家主要的移动支付运营商支付宝、微信以及银联都做了极大的技术投入和研发。以支付宝为例，在自主开发的智能实时风控系统（CTU 系统）的保护下，目前支付宝的交易资损率为百万分之一，远低于国际领先支付机构万分之十七的风险水平。

现金交易的减少，客观上也让社会治安变得更好。移动支付一定程度上减少了假钞流通的概率，让一些做小生意的人无后顾之忧，用百元假钞购买口香糖的伎俩也难以再次重演。在移动支付成为主流支付方式的趋势下，人们出行不再携带钱包，手机就可以完成几乎所有场合的支付。这在一定程度上遏制了偷盗案的发生，小偷无钱可偷，想偷手机，可手机都在人们手里拿着，不是刷屏就是听书。移动支付也降低了商铺的风险，据新闻报道，2017 年 3 月，两男子跨省去杭州抢钱，抢了三家便利店后，仅仅“收获”1700 元，尤其是最后那家店，店内资金只有十几元。两劫匪被抓后，才知道杭州店铺没什么现金……

移动支付技术不仅服务了普通消费者，也为小微企业提供了融资的便利。小微企业由于没有银行做风险防控的数据，又缺乏担保和抵押，一直以来都无法从银行获得贷款，这是人们创新创业的制约因素。但在移动支付时代，这一切就不同了，因为只要挂一个收钱码，哪怕只是街边的煎饼摊、路边的水果店，就能使用移动支付收钱，每一笔交易都能被记录下来，逐渐积累信用，让原本没有征信数据的小微企业建立起信用体系，解决了小微企业贷款的难题。据蚂蚁金服总裁井贤栋介绍，截至 2017 年 11 月，蚂蚁金服已经为超过 500 万的小微创业创新企业提供超过 8000 亿元的贷款，解决了这些企业融资难的问题，降低了全社会创业的门槛，促进了中国实体经济的发展。

移动支付也在深刻影响着政府的工作方式。申报纳税申报表，这个以前需要邮递甚至现场办理的工作，现在通过手机几分钟就可以完成。移动支付缴税比以前邮政申报更方便，容易操作，节省时间。第二次使用时，基本信息已经存储，只要验证并添加新的细节，将其提交给政府的微信账户，就可以完成纳税。目前，该功能已经在深圳、天津和山东等地区上线。

移动支付集体“出海”，从东南亚到欧洲的数十个国家都有中国移动支付的身影。法国巴黎奥斯曼大街最大的两个商场——春天百货和老佛爷百货的商铺柜台，都可以使用支付宝支付。春天百货集团首席执行官保罗·德塞萨尔在接受采访时说，春天百货现在所有柜台都可以用支付宝支付，这让中国游客就像在国内消费一样。春天百货目前大约 20% 的顾客使用支付宝。

虽然由于跨境金融的限制以及当地金融服务数字化发展滞后的影响，移动支付的海外发展仍然有限，但立足于国内数亿用户的巨大规模优势，以及出境游的强劲需求，移动支付的海外之路前景可期，一部手机走遍世界也许并不遥远。

新时代，移动支付正带给我们的生活翻天覆地的变化，有人甚至将其与蒸汽机革命、电动机革命相提并论。移动支付带来的不只是消费方式的改变，它已经融入人们的生活，变成人们的一种生活方式。在解决城乡差距、代际差异、金融服务等社会问题上，移动支付也扮演着重要角色。移动支付的背后，不仅仅是支付手段的升级，更是社会治理、信用体系、金融服务的升级。我们有理由相信，在 2020 年全面建成小康社会的决胜阶段，移动支付及其引领的智慧生活将为这一伟大的进程增添新的动力。

图书在版编目（CIP）数据

新时代，美好生活是这样的 / 谢志强，陈云主编 . — 长沙：湖南电子音像出版社，2019.8

ISBN 978-7-83004-352-0

Ⅰ . ①新… Ⅱ . ①谢… ②陈… Ⅲ . ①生活方式—中国—现代 Ⅳ . ① D669.3

中国版本图书馆 CIP 数据核字 (2018) 第 276012 号

新时代，美好生活是这样的

Xinshidai Meihao Shenghuo Shi Zheyang De

出 版 人：杨　林
总 策 划：杨　林
主　　编：谢志强 陈　云
编　　著：张　端 姜典航 秦　瑶 赵碧倩 郭进挺
　　　　　张　苗 辛秀芹 杨利娟 王　超 刘焕宁
播　　讲：邱　茗
音乐创作：李雪晶
责任编辑：钟　可 尹梦娜
装帧设计：谢　颖 张　剑
技术编辑：王　枢

出　　版：湖南电子音像出版社 www.xyin.com
印　　刷：湖南印美彩印有限公司
开　　本：710mm×1020mm　1/16
印　　张：12.25
字　　数：150 千字
印　　次：2019 年 8 月第 1 版　2019 年 11 月第 1 次印刷
书　　号：ISBN 978-7-83004-352-0
定　　价：58.00 元

如有印装质量问题，请与我社生产服务中心联系调换。
联系电话：0731-82228602